A VESTE-DE-LUZ DO NOVO HOMEM

O APOCALIPSE DA NOVA ERA

CINCO CONFERÊNCIAS DE RENOVAÇÃO DE AQUARIUS

POR

J. VAN RIJCKENBORGH

E

CATHAROSE DE PETRI

I BILTHOVEN 1963
II CALW 1964
III BAD MÜNDER 1965
IV BASEL 1966
V TOULOUSE 1967

A VESTE-DE-LUZ DO NOVO HOMEM

O APOCALIPSE DA NOVA ERA I

PRIMEIRA CONFERÊNCIA DE RENOVAÇÃO DE AQUARIUS
RENOVA, BILTHOVEN 1963

POR

J. VAN RIJCKENBORGH

E

CATHAROSE DE PETRI

Série Apocalipse
VOLUME 1

2ª edição

LECTORIUM ROSICRUCIANUM

2017

Título original:
Het lichtkleed van de nieuwe mens
2009
IMPRESSO NO BRASIL

Lectorium Rosicrucianum
Escola Espiritual da Rosacruz Áurea

Sede Internacional
Bakenessergracht 11-15,Haarlem, Holanda
www.rozenkruis.nl

Sede no Brasil
Rua Sebastião Carneiro, 215, São Paulo, SP
www.rosacruzaurea.org.br

Sede em Portugal
Travessa das Pedras Negras, 1, 1.0, Lisboa, Portugal
www.rosacruzlectorium.org

Dados Internacionais de Catalogação na Publicação (cip)
(Câmara Brasileira do Livro, SP, Brasil)

Rijckenborgh, J. van, 1896-1968
A veste-de-luz do novo homem : o apocalipse da Nova Era I : primeira conferência de renovação de Aquárius : Renova, Bilthoven, 1963 / por J. van Rijckenborgh e Cathorose de Petri ; [tradução Equipe de tradutores do Lectorium Rosicrucianum]. -- 2. ed. -- Jarinu, SP : Pentagrama Publicações, 2017. -- (Série Apocalipse ; v. 1)

Título original: *Het Lichtkleed van de niuewe mens*
ISBN: 978-85-67992-71-6

1. Gnosticismo 2. Rosacrucianismo - Discursos, ensaios, conferências
I. Petri, Cathorose de. II. Título. III. Série.
17-05746 CDD-135.43

Índices para catálogo sistemático
1. Rosacruz : Ordem : Ciências ocultas 135.43
2. Rosacrucianismo : Conferências : Ciências ocultas 135.43

Sumário

O símbolo de nosso trabalho de renovação de Aquarius

Prefácio

Agora que, nas correntes de vida universais que regem o desenvolvimento da onda de vida humana, *Aquarius* faz sentir seu apocalipse com todas as consequências libertadoras, mas também desmascaradoras e revolucionárias para toda a humanidade, a Escola Espiritual da Rosacruz moderna convocou seus alunos de todos os lugares de seu campo de trabalho para reunirem-se em seu Centro de Conferências Renova, em Bilthoven, em agosto do ano de 1963, a fim de se preparar para os acontecimentos vindouros tão extraordinários.

Em conformidade com sua tarefa e vocação, a Rosacruz moderna dirige-se a todos os que procuram compreender os sinais dos tempos e indica a antiquíssima senda que conduz à gloriosa realização da verdadeira destinação humana. Por isso, resolvemos publicar, na íntegra, o conteúdo de nossa Conferência de Renovação de *Aquarius*, inclusive os rituais.

É nossa íntima prece que ela possa contribuir para que muitos compreendam, do imo, a senda do Aguadeiro. Quem realmente puder ver essa senda e ouvir a voz do Aguadeiro o seguirá com alegria e gratidão.

Que a colheita seja verdadeiramente abundante.

CATHAROSE DE PETRI
J. VAN RIJCKENBORGH

1

A VESTE-DE-LUZ DO ROSACRUZ

Palavras de abertura

Agora que nos é permitido dar início a este grande acontecimento e dar-vos as boas-vindas neste local, que por alguns dias servirá de centro, de foco para a celebração da festa de renovação de *Aquarius*, gostaríamos de enfatizar profundamente o grandioso significado desta poderosa reunião e a grande responsabilidade que, juntos, como alunos de uma autêntica escola espiritual, assumiremos nos dias vindouros.

Viemos de várias partes do mundo a fim de conduzir a bom termo uma tarefa muito exclusiva e de poder receber uma incumbência única a serviço da Corrente Universal de Fraternidades. Por isso, pedimo-vos máxima vigilância e dedicação, pois quando uma grande multidão se encontra reunida, a atenção de muitos pode tornar-se demasiado dividida por inúmeros fatores secundários.

Que possamos, pois, vos exortar: Não permitais que isso aconteça! Nossa reunião, que pode ser considerada de grande vulto, deve servir para que a concentração se intensifique e a força de expansão espiritual seja decuplicada para que o resultado seja o esperado.

Irmãos e Irmãs, confiamos em que assim será! Que essa possa ser a grande e gloriosa bênção desta conferência!

Oremos uns pelos outros:

Que a flama desse fogo da graça
possa irradiar-se como um sinal inextinguível
sobre nossas terras sombrias. Amém.

Voto

Todos nós, que fomos acolhidos no corpo magnético da Escola Espiritual Sétupla do Lectorium Rosicrucianum, elevemo-nos à Luz das Luzes para que ela possa liberar em nós a nova força-alma para a nova vida. Amém.

Oração

Ó eterna e imperecível Luz!
Rompe nossos grilhões
e livra-nos das ilusões da matéria!
Alça-nos a teu radiante coração de amor
e purifica-nos com o flamejante
fogo de tua graça!

Permite que reconheçamos,
com o mundo e a humanidade,
a majestosa glória
de tua onirrevelação!

Liga-nos com todos os que sofrem,
com todos os que buscam
e lutam por redenção,
para que possamos ofertar-lhes,
caso ainda não te tenham encontrado,
o que de tuas mãos recebemos,
convertendo-lhes assim
a cruz da natureza na cruz da redenção,
onde as rosas de beleza imarcescível
desabrocham em tua luz inabalável! Amém.

Ritual

Como sabeis, um microcosmo apresenta perfeita semelhança com um macrocosmo. Em relação a isso, pensai no axioma hermético: "Assim como é em cima, assim é embaixo".

No macrocosmo existem planetas, sóis e sistemas zodiacais que dependem uns dos outros e que, em conjunto, formam *uma* unidade movida por *um* único sol central. Vemos a mesma imagem no microcosmo. Nele também há planetas, sóis e diversos sistemas que têm uma tarefa a cumprir na unidade do microcosmo. Essa total manifestação no espaço que, segundo nossa compreensão, se propaga até o infinito, é conduzida por meio de uma ordem, por meio de uma regularidade.

É preciso que se torne claro para vós que a onimanifestação constitui *uma* unidade, na qual todas as formas manifestadas se fundem umas nas outras, sendo, portanto, interdependentes. Seria fatal para o grande todo se essa ordem fosse perturbada, o que compreendereis facilmente se considerardes o fato de que pequenas causas podem gerar grandes consequências ao corpo.

Imaginai que, devido à intervenção arbitrária dos habitantes deste ou daquele planeta, fosse criado ou atraído para dentro de nosso sistema solar um corpo celeste totalmente estranho. O resultado seria uma perturbação no sistema solar inteiro. Imaginai ainda que, devido a uma criação arbitrária de nosso sol, em discordância com a onimanifestação, novas manifestações viessem a dominar nosso sistema solar. O resultado seria uma perturbação no todo. Por conseguinte, em caso de perturbação na onimanifestação, é lógico que uma lei natural divina intervenha, corrigindo, isolando e neutralizando. Daí a conhecida máxima: "É melhor que se perca um dos teus membros do que seja todo o teu corpo lançado no inferno".

O microcosmo é um universo em miniatura. E o sol central, o sol invisível de nosso sistema, é o espírito. Nos primórdios dos tempos emanavam desse sol central microcósmico criações que estavam em harmonia com o plano de criação divino. Indicamos uma dessas criações como o homem celeste.

Do ponto de vista astrofilosófico, esse homem celeste consistia em um sol primário com dois aspectos, a saber, sol e lua, e de cinco planetas. Esse sistema sétuplo possuía um foco espiritual, uma radiação de luz, também de aspecto sétuplo, e uma forma manifestada, um aspecto material glorificado, também de natureza sétupla. Tal era a imagem do homem celeste a respeito do qual podemos ler no livro do Apocalipse: "o anjo com as sete estrelas em sua destra", a prova de uma vida cósmica planetária positivamente controlada.

Em determinado momento nos tempos primordiais uma criação ímpia emanou desse sol central microcósmico. Essa criação corrompeu o sistema microcósmico inteiro, tornando-o ímpio. O homem celeste foi incitado a agir de modo forçado e a uma vida experimental, fora do plano universal.

O homem divino era um espírito poderoso capaz de provocar grandes desastres no macrocosmo, caso sua manifestação fosse conservada. Por esse motivo o homem celeste foi neutralizado mediante a intervenção divina. Ele adormeceu processualmente, sendo obrigado a manifestar-se mediante três novos círculos sétuplos adaptados à criação ímpia. O resultado desse acontecimento é o homem dialético, que já não é nem imagem nem sombra do homem original, tendo seu raio de ação inteiramente reduzido; prisioneiro do campo de vida dialético, prisioneiro em determinado estrato terrestre, ele conserva apenas uma pequena fração da liberdade original: liberdade para cair mais profundamente, ou liberdade para se regenerar.

Ora, não existe regeneração que possa ocorrer por si mesma, mas apenas mediante o amor e a graça de Deus, que não abandona as obras de suas mãos. A primeira vitória do Espírito Santo sobre o homem atual é: que ele chegue ao conhecimento de seu próprio estado. Homem, conhece-te a ti mesmo!

Há muitos anos, por intermédio de nossa Escola Espiritual, ressoa um chamado por todo o mundo. É o chamado para que, apesar de tudo, se compreenda principalmente o mistério do Reino de Deus. Os que compreendem esse chamado e atendem a ele são tornados capazes de trilhar o caminho de retorno ao Reino Imutável original de maneira definitiva. Amém.

Primeira alocução

Bem, irmãos e irmãs, agora que pela primeira vez nesta conferência nos reunimos nesta imensa tenda-templo para celebrarmos a festa de renovação de *Aquarius*, é da máxima importância que todos vós compreendais perfeitamente a razão de termos vindo até aqui e por que falamos de uma festa. É uma festa que pede toda a nossa atenção e a respeito da qual todos nós já vimos nos preparando há muito tempo e com uma concentração sempre maior.

Sabemos que chegamos à aurora de um novo dia, de um novo dia de acontecimentos absolutamente novos, tanto em relação ao mundo como em relação à humanidade. E compreendereis, sem que haja necessidade de dizer-vos efetivamente, que esse novo dia nos colocará diante de uma nova exigência: a realização de uma atitude de vida totalmente nova. Tudo isso requererá uma nova vida de ações, uma nova orientação. Tanto nós como nosso próximo, todos terão de reagir positivamente a essa exigência, mediante auto-atividade. Se nossa reação for negativa, então o novo desenvolvimento nos apanhará de surpresa e nos arrastará consigo em sua marcha.

Essa afirmação está fundamentada no fato de um novo campo de irradiação intercósmico abranger nosso mundo, campo esse que agora adquiriu suficiente intensidade e força de expansão para produzir efeitos notáveis, visíveis e demonstráveis. Em sua conexão, esses efeitos causarão uma total revolução mundial e humana no decorrer de um número relativamente pequeno de anos. Cremos que esse período de desenvolvimento abrange aproximadamente dezoito a vinte anos.

Toda essa marcha de desenvolvimento vindoura já foi profetizada desde há muito tempo e está ancorada na consciência metafísica de quase todos os povos. Ela foi trabalhada exaustivamente e revestida com muitos símbolos, lendas e contos fantásticos. As profecias, a fantasia e o simbolismo tomaram corpo, e, desse modo, o que ainda virá a acontecer foi envolvido em roupagem de vagos acontecimentos históricos. Assim surgiram as teologias. Com suas diferenças de interpretação, elas conseguiram manter a humanidade dividida, o que custou rios de sangue, como bem o sabeis pela história mundial; mesmo em nossos dias as teologias conduziram ao caos, o que conhecemos de perto no terreno das igrejas em geral. E agora será dado um fim a todo esse estado de coisas pelo curso dos próximos acontecimentos, colocando-se a grande realidade, sobre a qual falamos no início deste serviço, no centro do interesse de cada ser humano. Compreendei bem: podemos, em conjunto, como grupo, filosofar sobre assuntos elevados e empreender grandes voos de pensamento, mas agora todas as coisas para as quais dirigimos nossa atenção serão levadas a cada ser humano em particular e gravadas em cada um deles.

Assim dar-se-á lugar à grande verdade, da qual nenhum mortal poderá escapar, a saber, a verdade que diz respeito ao próprio homem e a seu destino definitivo. A única razão tomará o lugar das muitas especulações, e a religião viva e verdadeira conquistará a cabeça e o coração de inúmeras criaturas, sem que haja necessidade de seguir os caminhos habituais da propaganda e das publicações.

Seria bom desde logo esboçarmos aqui essa religião única e universal. A futura mentalidade que agora está surgindo trará a assinatura da Rosacruz vivente, e o nome de Cristiano Rosacruz estará nos lábios de muitos como uma série de conceitos demonstráveis e palpitantes, como uma realidade demonstrável. Porque esse nome não pertence a uma pessoa que existe ou que tenha existido, porém relaciona-se a um estado de ser que deve desenvolver-se em cada ser humano. Um estado de ser que outrora, em um passado longínquo, foi apresentado como estado futuro, depois foi indicado como estado desejável e, em nossa era, foi imitado por muitos buscadores e também por especuladores, com todas as consequências correspondentes. Esse estado de ser será, em futuro muito próximo, uma necessidade: ele deverá ser a única e imperiosa atitude de vida de cada ser humano e será decisivo para o que chamamos vida ou morte. Tudo isso está relacionado com o estado atual de nossa veste-de-luz.

Gostaríamos de despir de roupagens eventualmente fantásticas e apocalípticas todos esses efeitos, para os quais chamamos vossa atenção, pois todos nós devemos encarar a nua realidade como ela é.

Em nossa filosofia denominamos "veste-de-luz" o conjunto dos vários fluidos vitais no ser humano. Ela é formada pelo sangue e seu sistema; pelo fluido nervoso e seu sistema; pela secreção interna, pelo fogo serpentino e pela flama da consciência. Todos esses fluidos emitem, já em seu estado natural, uma luz etérica distinta e bastante forte. É por isso que falamos de uma veste-de-luz. É igualmente por isso que no evangelho gnóstico *Pistis Sophia* é feita constante referência à veste-de-luz da Pistis Sophia. Portanto, compreendereis que essa ideia foi, ao longo dos tempos, conhecida dos iniciados.

Cada ser humano, cada mortal, é portador dessa veste-de-luz, e assim torna-se claro que a qualidade e a natureza desses fluidos vitais interdependentes determinam a capacidade vibratória do homem. Eles determinam sua orientação geral para com a vida, e também – e isto é extraordinariamente importante – todo seu estado de saúde. Saúde ou enfermidade sempre estão diretamente relacionadas com o estado da veste-de-luz. Portanto, a qualidade e a natureza desses fluidos vitais determinam se um homem permanecerá em seu conhecido estado de ser comum, em seu estado animalesco terrestre, ou se nele estão presentes possibilidades regeneradoras, portanto, libertadoras; possibilidades, indicações, que lhe permitirão elevar-se do geral estado de ser animal.

Essa elevação, essa ascensão, essa ressurreição do estado animal – portanto do estado de ser animal da veste-de-luz

– tornou-se absolutamente necessária para cada ser humano na época que se aproxima. Pela influência do novo campo de irradiação, essa necessidade torna-se, depressa, muito imperiosa. Mas, e o dizemos enfaticamente, essa elevação, sobre a qual agora nossa atenção está sendo focada, de modo algum se parece com um processo de desenvolvimento completamente automático, portanto, com algo semelhante ao crescimento de uma criança até atingir a idade adulta. Não, todos nós estamos diante da necessidade de uma escolha pessoal. Por isso, no decorrer dos últimos anos, temos falado em nossa Escola Espiritual repetida e enfaticamente sobre a nova atitude de vida. Quem dentre vós já se encontra nessa nova atitude de vida? Já fizestes em vossa vida a escolha decisiva?

Dizemo-vos: essa escolha não é meramente desejável, ela não pode se realizar na exaltação de um êxtase religioso; não, em futuro muito próximo ela se tornará indispensável e deverá ser feita de forma muito lúcida. Essa é a indicação da nova atitude de vida. A nova atitude de vida deverá ser escolhida pessoalmente por vós. Todo esse processo deve ser vivido e experimentado corporalmente por todos vós. Por isso falamos de auto-realização. Esse processo de elevação, esse processo de ressurreição, essa auto-realização, está intimamente relacionado com o grandioso e maravilhoso mistério do homem no mais elevado e monádico sentido da palavra. Por isso tivemos de falar-vos tantas vezes sobre essa festa do começo da elevação, do começo da ressurreição da natureza da morte, porque cada um de vós deve decidir-se positivamente. Todos vós tereis de ingressar nesse processo, ou não ingressar, com todas as consequências correspondentes!

Há, pois, apenas dois caminhos: o caminho da elevação regenerativa e o caminho do declínio degenerativo. Entre esses dois caminhos todos vós ainda tendes *agora* a liberdade de escolha. E como nenhum de nós é capaz de dizer quanto tempo ainda é concedido à humanidade para fazer essa escolha decisiva e torná-la uma realidade mediante a nova atitude de vida, nossa Fraternidade julgou da maior importância fixar uma data (dentro dos dois meses muito críticos de agosto e setembro de 1963, que correspondem ao início do referido desenvolvimento intercósmico), a fim de convocar todos os irmãos e irmãs que são verdadeiramente membros viventes da Escola Espiritual moderna, para esta poderosa convenção em Renova. Assim, Irmãos e Irmãs, convocamo-vos por ordem de nossa Fraternidade.

Consequentemente, temos a tarefa de confrontar-vos com o espírito da elevação inicial, em linguagem clara e concisa. É nossa missão conduzir-vos, se possível, a uma resolução bem clara em vossa vida. Também fomos incumbidos de dizer-vos que nos foi concedido suplicar a bênção da Fraternidade, da Fraternidade Universal, para essa resolução, essa decisão vital.

Temos de dizer-vos enfaticamente que essa bênção será, nos próximos dias, prodigalizada a todos nós se, do imo, tomardes essa única decisão de modo positivo, a fim de, sobre essa base, ingressardes na grande auto-realização. Trata-se, pois, conforme deve ter cado bem claro para vós, de vossa admissão em um processo poderoso.

Dessa forma poderemos caminhar à frente de toda a humanidade em uma nova e poderosa via de desenvolvimento que, como dissemos, se apresentará cada vez mais clara e enfaticamente sob a assinatura de Cristiano Rosacruz. Para tanto, novamente dirigimos vossa atenção para vossa veste-de-luz e, sem entrarmos agora em maiores explicações, perguntamo-vos: "Que fazeis para dar a vossa veste-de-luz o tratamento correto? Que fazeis a esse respeito como alunos da Rosacruz?"

Se neste momento fôssemos examinar essa questão, veríamos, talvez, de maneira geral, apenas um resultado muito pobre. Talvez, do lado positivo desse exame, vericássemos que viveis como vegetarianos, que pondes em prática uma ou outra reforma de vida relacionada com vossa alimentação, e isso considerando vosso ponto de vista vegetariano. Mas, amigos, sabeis que os resultados do vosso vegetarianismo, em vossa veste-de-luz, estão sendo quase totalmente neutralizados pelas muitas e altamente perigosas substâncias que estão circulando em vosso sangue? A simples absorção de alimento comum, normal, já é o bastante para que isso aconteça. Pensamos aqui nas muitas substâncias químicas e sintéticas que hoje são misturadas aos nossos alimentos.

O que fazeis para assegurar um funcionamento correto de vosso fogo espiritual espinal? Já vos ocorreu alguma vez que tendes uma tarefa a executar com relação a isso?

Um assunto que talvez vos seja mais familiar é o cuidado relativo ao sistema endócrino – pois (e gradualmente a humanidade está se conscientizando a esse respeito) praticamente, a maior parte das doenças está diretamente relacionada com perturbações no sistema endócrino. De modo geral, procura-se neutralizar essas perturbações mediante o que se denomina "remédios" ou, se necessário, mediante intervenção cirúrgica.

E que dizer de um justo cuidado de vossa flama da consciência? Alguma vez ouvistes algo a esse respeito? As pessoas dizem: "Minha consciência é, ela existe". "E com ela devemos viver", assim se diz. Também dizem: "Este tipo de pessoa é assim e aquele outro é diferente; este é o caráter dele e aquele é o caráter dela". E assim, com base nisso, defrontamo-nos uns com os outros.

Porém, dizemo-vos: Familiarizai-vos com o pensamento de que toda vossa veste-de-luz quíntupla forma um sistema indivisível. Dizemo-vos enfaticamente: Tudo o que habitualmente se denomina enfermidade, e é experimentado e considerado como tal, é causado e mantido por desarmonias que se desenvolveram em conexão com nossa veste-de-luz. Influências hereditárias causadoras de distúrbios desaparecerão tão logo submetais firmemente vossa veste-de-luz às leis vitais que a ela se relacionam. E certamente triunfareis se iniciardes esse procedimento em vossa juventude, em vossos dias de mocidade. Enfermidades ou debilidades presentes desde o nascimento já não representarão nenhum obstáculo assim que o ser humano permitir que sua veste-de-luz funcione de modo correto.

É possível que essa ideia vos seja totalmente nova. Não obstante, todo o serviço de auxílio do Rozenhof baseia-se nesse fato. E quando, de tempos em tempos, o Rozenhof recebe uma carta de agradecimento por um prodigioso auxílio e socorro recebido, fato que muitas vezes também chama a atenção das pessoas de fora, então o restabelecimento deve ser atribuído em grande parte ao próprio aluno enfermo que, forçado pelas circunstâncias, deu a sua veste-de-luz aquilo que em virtude de sua natureza lhe pertencia.

E vos asseguramos que os médicos entre nós obterão, em um futuro muito próximo, o maior êxito se tentarem dedicar, em sentido absoluto, seu auxílio à veste-de luz de seus pacientes. Eles deverão compreender que, se quiserem auxiliar verdadeiramente, sua própria veste-de-luz deverá funcionar tão perfeitamente quanto possível.

"Que é, então, essa veste-de-luz?", podereis perguntar. Ela é a expressão do duplo etérico no corpo, no eu material.

Falamos de "duplo etérico" para tornar claro que o eu material vive exclusivamente desse duplo, desse corpo vital. O ser humano vive graças ao corpo etérico e, muito especialmente, graças à sua veste-de-luz. Os átomos materiais, pelos quais o eu material é composto, não possuem existência independente sem a cooperação dos átomos etéricos. Por isso é lógico dizermos: somente é possível manifestarmo-nos neste mundo material como um ser vivente devido à presença da veste-de-luz.

Mas é igualmente sensato acrescentarmos que a tarefa da veste -de-luz não se limita tão-somente a vivificar e conservar o corpo material. Isso é apenas secundário. A verdadeira vocação da veste -de-luz é muito mais que isso, mas sua realização depende do modo como empregais vossa veste-de-luz aqui, agora e em futuro próximo.

Se compreenderdes isso, também sentireis a necessidade de preparar vossa veste-de-luz para sua grande e maravilhosa tarefa. A conservação do corpo material em um estado de asseio e de pureza é de grande importância. Todo o cuidado que para esse fim dedicais ao vosso corpo material é excelente e muito louvável. Porém, de maior importância é o justo cuidado com vossa veste-de-luz. Em futuro próximo essa será a tarefa mais importante para todos nós. Precisamos preparar nossa veste-de-luz para sua grande e gloriosa missão.

Essa é a ideia central na qual se apoia nossa festa de renovação de *Aquarius*. Nela encontramos a chave para a elevação que ora se inicia.

Epílogo

A pedra angular Jesus Cristo é a força original, a realidade existencial do reino dos céus. Essa força adapta-se inteiramente ao estado de ser de cada um de nós, impelida pelo amor de Deus, que procura o que está perdido.

Tão logo sejamos achados dignos de construir sobre essa pedra angular, começará o grande processo de transmutação. É um nascer diário e um morrer diário. É uma ressurreição diária e é ser tocado pela plenitude de Deus.

Denominamos o toque "Jesus".
Denominamos a possibilidade "Cristo".
Denominamos a causa primeva "o amor de Deus".
E o templo do Espírito mesmo,
a luz que irradia do templo em sua plenitude,
é o Espírito Santo. Amém.

Oração final

Eleitos para herdeiros pelos mistérios da salvação, e contados entre os moradores da câmara do tesouro da luz:

Esperamos e oramos para que todos possamos empregar, para alcançar a vida, a chave para o santuário interior. Amém.

2

A NOVA ATITUDE DE VIDA QUÍNTUPLA

Palavras de abertura

Ante a face do Espírito Santo Sétuplo,
em nome da Triunidade da Luz,
na força daquele que é por toda a eternidade,
Cristo Jesus, nosso Senhor,
oferecemo-nos em sacrifício
no altar da Gnose universal
e consagramos o trabalho sagrado
à Gnose, à Escola Espiritual e a seu grupo de alunos,
para a verdadeira redenção e libertação. Amém.

Voto

Honra, louvor, glória e adoração
sejam a Deus, o Pai,
e ao Filho,
por meio de quem o Espírito se revela desde a eternidade,
agora e por toda a eternidade.

Amém, sim, Amém.

Ritual

Podemos verificar com segurança que o renascimento da alma somente pode realizar-se em um campo magnético de uma escola espiritual gnóstica. Nossa Escola Espiritual, que já alcançou sua manifestação sêxtupla, dispõe de semelhante campo magnético de irradiação. Precisar viver fora de tal campo magnético significa simplesmente recair nas próprias possibilidades biológicas. Dentro do campo de irradiação de Cristo, as possibilidades biológicas do aluno na senda são traspassadas pelas radiações de força espiritual da vida universal, e "sua fraqueza é preenchida da força de Cristo". Em outras palavras: no campo de força da Escola Espiritual atua o Espírito Santo.

Quando dizemos "nossa Escola Espiritual dispõe de um campo magnético de irradiação", é possível que, para muitos alunos, isso seja um dogma, porque ainda não experimentam, conscientemente, o toque desse campo de irradiação. Contudo, é necessário que todos os alunos saibam o que é um corpo magnético, como ele é composto e como sua presença pode ser verificada.

Em primeiro lugar temos de distinguir o campo de irradiação da Corrente Universal de Fraternidades e, em segundo, o campo de força dos "enviados".

O campo de irradiação da Corrente Universal de Fraternidades é povoado por entidades que atingiram um estado de vida supranatural. Eles estão livres da matéria. Eles formam uma ordem de seres em contínua ascensão quanto a pureza, santidade e divindade; uma grande hierarquia de espíritos humanos capazes de impulsionar conscientemente a luz do Espírito Santo à atividade. Em vista disso, podemos chamá-los de membros diretos do Corpo de Cristo. Eles tornam-se "um de nós"; para isso eles perfuram um poço de luz entre o reino que não é deste mundo e o nosso estado de natureza.

É assim que essa hierarquia da luz se revela, atraindo a seu derredor um círculo de "enviados". Esse círculo possui uma ligação de primeira mão com a luz divina, que brilha neste mundo da morte a fim de salvar o que ameaça se perder.

De onde surgem tão subitamente esses "enviados"? Neles fala não apenas o que denominamos "pré-memória", mas ao mesmo tempo certa predisposição, uma predeterminação, embora ainda se encontrem aprisionados aos vínculos biológicos.

Aprendemos da *Fama Fraternitatis RC* que a Doutrina Universal desceu com Adão, desde o princípio da Queda. Isso quer dizer que desde o primeiro instante da Queda esforços foram envidados com o objetivo de salvar a humanidade, e um círculo de enviados passou, então, a existir. Naturalmente, naqueles primórdios dos tempos, a forma corpórea do ser humano ainda não estava tão cristalizada como agora. Seu corpo celeste ainda não havia perecido, e seu sistema dialético ainda se encontrava em fase de desenvolvimento.

Naquela situação, em meio a outros grupos de seres humanos, desenvolveu-se um grupo no qual, além da pré-memória, fora gravado algo mais, isto é, certa receptividade ao toque da Hierarquia celeste. Tão logo a Hierarquia o quisesse, essa faculdade começaria a manifestar-se nos enviados. Os antigos místicos designavam essa predisposição de "o tesouro da joia maravilhosa", referindo-se desse modo a determinada atividade do fogo serpentino.

Em todos os períodos da humanidade sempre é utilizado certo número de seres assim predispostos, que para esse fim são enobrecidos em virtude de sua atitude de vida ou que, por qualquer outro motivo, elevaram-se para semelhante vocação.

Conforme dissemos, cada enviado traz em si a joia maravilhosa, isto é, ele possui esse estado específico do fogo serpentino. O núcleo da alma-espírito na cabeça encontra seus pontos focais no coração, na cabeça e na pélvis e como tal é, em seus efeitos, o Espírito Santo.

Há muitos portadores da joia que, não obstante essa condição, não são considerados enviados. Por que não? Porque ainda conservam sua joia fortemente aprisionada pelos grilhões dialéticos; ainda a mantêm demasiado ligada à matéria e aos prazeres dialéticos. Um dia, quando tais seres humanos tiverem sido consumidos pelo fogo segundo a natureza, e não encontrarem em si mesmos nenhuma saída, então será possível que a joia neles comece a falar novamente.

Deveis compreender de maneira correta a expressão "ser consumido pelo fogo segundo a natureza". Existem entidades presas à roda da vida e da morte que vêm ao mundo com a firme resolução de servir à alma e, mediante a alma, servir a seu próximo desde a juventude, aconteça o que acontecer. Tais pessoas também podem ser consideradas enviados. Todos os demais, dentro do campo de radiação de Cristo, terão primeiro de curar-se das feridas causadas a si mesmos antes de poder, mais tarde, com força nova e consagrada, irradiar o Graal.

Todos os enviados têm uma assinatura perfeitamente idêntica: eles servem, desde sua juventude; eles se distanciam da vida dialética inferior; eles trabalham em um estado tão puro quanto possível; eles comprovam, portanto, terem sido consumidos pelo fogo segundo a natureza. Para eles, a vida dialética já não oferece base alguma de existência.

Pois bem, uma escola espiritual idônea é formada por um agrupamento de enviados que possuem reconhecida dignidade de fé. Existem enviados de diversos graus, sendo, portanto,muito difícil indicá-los, em virtude de diferenças muito individuais. Todavia, com a colaboração dos demais, cada enviado constrói um campo de força, um campo magnético de trabalho, com o qual a Corrente Universal de Fraternidades entra em ligação no momento apropriado.

Compreendida como Ordem, a Fraternidade da Rosacruz Áurea é uma unidade superior. Além disso, existe grande multiplicidade de irmãos e irmãs enviados, que vão a diferentes países, absolutamente independentes em suas missões. Todos, porém, têm em comum o seguinte:

estão ligados uns aos outros mediante sua missão;
estão ligados a Jesus Cristo mediante a joia;
estão ligados a sua tarefa mediante sua atitude de vida.

Mediante essa comunhão de vida tríplice, os irmãos e irmãs reconhecem-se mutuamente.

O predestinado começa sua tarefa relativamente cedo na vida. Ele espalha a seu redor a luz da joia que traz dentro de si e, nessa luz, faz seus primeiros preparativos. Se esses preparativos encontrarem graça perante a Corrente de Fraternidades, então a hierarquia entrará em ligação com a luz dessa joia, com a luz produzida, irradiada e difundida pela joia. Desse modo forma-se o campo magnético em questão.

No campo de força dos enviados têm de estar ativas, entre outras coisas, a abundante graça da força-alma de Cristo e a essência criadora, que é o éter de fogo que emana do Espírito Santo e por seu intermédio. Por meio da atividade dos éteres refletor e luminoso e da substância de anseio superior, desenvolvem-se no campo magnético pensamentos abstratos, a fim de que as radiações divinas possam nele expressar-se como Doutrina Universal, sem que as sugestões divinas sejam deformadas por influência de quaisquer pensamentos concretos.

Irmãos e Irmãs, sois chamados por um campo magnético semelhante a esse. Sois admitidos em tal campo de força por vossa decisão pessoal. Vossa ligação consciente com o corpo magnético da Escola Espiritual deve efetuar-se com base na lei fundamental tríplice dos mistérios de Cristo:

Unidade – Liberdade – Amor.

Amém

Segunda alocução

Conforme consideramos em nossa primeira alocução, o estado da veste-de-luz determina todo vosso futuro. Se permitirdes que essa armação penetre profundamente em vós, sentireis a necessidade de pôr as mãos no arado, porque – e compreendei-o bem! – a personalidade do homem é animada pela interação dos fluidos vitais. A veste-de-luz, como agora sabeis, é chamada a um bem superior, a um estado de ser superior, a uma ordem superior, ou seja, a um estado de vida duradouro, eterno. Por isso vossa veste-de-luz, vossa veste anímica, deve ressuscitar. Nessa ressurreição vossa veste-de-luz deve elevar-se da presente natureza da morte. A ressurreição de Cristo está intimamente relacionada com esse mistério. O homem etérico é o homem do futuro.

"Certamente", direis. "Após nossa morte existiremos em um estado veicular muito mais sutil".Mas, amigos, não é a isso que nos referimos! O processo de ressurreição sobre o qual estamos falando é um processo do qual participa a personalidade inteira, portanto também o corpo material. O modo mediante o qual esse processo atua pode ser explicado agora para vós, porque o futuro próximo demonstrará esse desenvolvimento em todos os seus aspectos.

Como sabeis, nossa filosofia ensina que os átomos materiais, isto é, os átomos que compõem nosso veículo material, são ocos e penetrados por átomos etéricos prismáticos. Visualizai claramente: o átomo material oco sendo penetrado pelo átomo etérico prismático. É essa ligação que dá vida ao átomo material. Portanto, a vida no e do átomo material depende totalmente do átomo etérico que o penetra. O átomo material vive graças ao átomo etérico. Por conseguinte, pode-se dizer que todo fenômeno material, a inteira manifestação material, depende de uma lei vibratória que confere diversas propriedades aos diferentes tipos de átomos, e estes, por sua vez, manifestam-nas de determinada maneira. Assim, como sabeis, os átomos materiais manifestam-se como sólidos, líquidos e gases, quando cooperamos com as várias espécies de átomos etéricos da maneira conhecida.

A situação é totalmente outra quando as propriedades vibratórias das sete espécies de átomos etéricos são intensificadas e tornam-se mais dinâmicas e vigorosas. Em outras palavras: quando o quinto éter crescer em potência e tornar-se predominante em vossa vida, como está acontecendo atualmente, as propriedades dos fenômenos materiais que conhecemos como sólidos, líquidos e gases mudarão completamente de natureza.

Apresentamo-vos tudo isso de um modo científico natural para que saibais que a filosofia da Rosacruz é uma ciência natural clara, ainda que por ora desconhecida. Quando o quinto éter começar a intervir vigorosamente no desenvolvimento do mundo e da humanidade, os aspectos materiais tornar-se-ão, no mínimo, mais sutis; eles se dissolverão e se libertarão completamente dos grilhões materiais atuais.

O processo de espiritualização, de transformação da matéria, é tríplice. A lenda da ressurreição de Jesus Cristo em três dias procede igualmente desse conhecimento universal. Sabeis que a lenda nos relata como, em dado momento, algumas pessoas, ao se aproximarem do sepulcro, encontraram a pedra removida e o túmulo completamente vazio.

Contrariamente à intenção original, essa lenda cristalizou completamente o conhecimento universal. Fala-se de um milagre, porém o que aconteceu não é nenhum milagre, pois, quando a vibração das forças etéricas cooperantes se altera no sentido de um refinamento surge sempre o que se denomina "a tranfiguração", e essa é, entre outras coisas, a alteração gradual dos fenômenos materiais, que se transformam de manifestações materiais em manifestações etéricas. Essa é a razão pela qual, segundo a lenda da ressurreição, o sepulcro de Jesus, o Senhor, foi encontrado vazio. O corpo físico havia desaparecido: ele passara através da natureza da morte e ressurgira em uma vida nova, totalmente diferente.

Assim descobris que a filosofia da Rosacruz vem a vós através da sagrada revelação cristã de dois mil anos atrás. O progresso da revelação cristã de salvação nada mais é que a realização da filosofia da Rosacruz. Eis por que a Escola Espiritual da Rosacruz também sempre declara de maneira expressa que é absolutamente cristocêntrica. Isso porque, desde os primórdios do cristianismo, vemos um caminho de desenvolvimento que inevitavelmente deve resultar em uma época como a nossa, na qual um campo de radiação intercósmico trará à luz do dia todos os mistérios e reduzirá todos os mitos e lendas a nada: a realidade mesma tomará seu lugar.

O homem dialético considera o processo de ressurreição de Cristo um milagre. Porém, deveis compreender que todo homem, em virtude de sua veste-de-luz, é capaz de realizar esse milagre, contanto que essa veste e seus fluidos vitais correspondam a determinadas condições, a determinadas leis. Eis por que, de tempos em tempos, é dito na escritura sagrada: "Sede meus seguidores". Seguidores não no sentido como o entendem as igrejas, porém em sentido prático, absoluto.

Portanto, se agora passarmos a um estudo mais aprofundado da veste-de-luz, veremos que o inteiro milagre da vida está relacionado com ela. O microcosmo com seu princípio central, a mônada, está intimamente ligado com o santuário do coração. Por conseguinte, desde o início da vida, a mônada é sempre capaz de manifestar-se no homem material por meio da faculdade magnética do esterno e, por esse meio, entrar em contato com o timo (situado atrás do esterno). O timo, que é uma glândula endócrina, ca então carregado com essa força maravilhosa, que deve subir até o santuário da cabeça para iluminá-lo, caso o aluno crie as condições corretas para isso.

Percebeis nessa atividade a mudança em direção à revelação cristã de salvação? Porque, conforme é descrito no Novo Testamento, na vida de Jesus, o Senhor, não se encontra tudo orientado para um único ponto: o Lugar do Crânio, o monte Gólgota? Retirai de vós mesmos a ilusão, os véus da lenda, e vede a realidade libertadora! Partindo do coração, a Via Dolorosa conduz até o santuário da cabeça, até o monte Gólgota.

Se o coração encontra-se verdadeiramente habilitado a acolher essa força da mônada, então são criadas as condições de vida para a renovação e, no santuário da cabeça, resplandece a joia maravilhosa, da qual falamos no ritual.

Desse modo, o candidato torna-se apto a se colocar na balança e resistir ao peso dos sete pesos. Certamente conheceis essa metáfora de *As núpcias alquímicas de Christian Rosenkreuz*. É o processo fundamental que deve suscitar e suscitará a expansão ulterior de nossa veste-de-luz.

Ao pensardes nos cinco fluidos que compõem a veste-de-luz, compreendereis que, além de ser um processo endócrino e de purificação do sangue, a jornada que vai do santuário do coração, o lugar de nascimento, Belém, até o monte Gólgota é, antes de tudo, um processo que envolve o éter nervoso. Esse processo tem um significado extraordinário. Com isso queremos dizer que o fluido nervoso, o éter nervoso, precisa estar perfeitamente aberto para semelhante toque de luz.

Suponde que o santuário do coração seja inflamado pelo fogo do Espírito, e que esse fogo ascenda até o Lugar do Crânio, para então se espalhar por toda a veste-de-luz e que, em seguida, enveneneis vosso sistema nervoso, todo vosso éter nervoso. Tal possibilidade não é de modo algum imaginária. Pensai nas tensões dos tempos atuais, nos esforços frenéticos de tantas pessoas para manter-se na sociedade ou, de um modo ou de outro, subir na escala social. Dessa maneira, o éter nervoso ca exposto às maiores tensões, e a elevação de vossa veste-de-luz é absolutamente impossível. Não podeis servir a dois senhores! Não podeis abrir-vos para a luz do Espírito e, ao mesmo tempo, por exemplo, agarrar-vos completamente a vossas aspirações sociais. Ambas as coisas não se harmonizam.

Quando o fluido nervoso está sob controle precário, geralmente ao mesmo tempo o sangue também está envenenado e, desse modo, ele proporcionará ao santuário da cabeça, portanto à consciência, possibilidades insuficientes para uma vida libertadora. Precisais conhecer esses fatos aqui, durante nossa festa de renovação de *Aquarius*, porque se realmente tomardes, nestes dias, a decisão de seguir plenamente com a Escola Espiritual, tereis, seja como for, de purificar vossa veste-de-luz.

Nesta oportunidade, considerai também que, no Lugar do Crânio, no monte Gólgota, estavam erguidas três cruzes: no centro, a cruz do Senhor e, de ambos os lados, as cruzes dos dois malfeitores. Esse é um símbolo magníco da grande realidade concernente a cada ser humano. Quando tiverdes completado vosso caminho da cruz das rosas e a luz do Espírito resplandecer em conexão com a pineal no alto do santuário da cabeça, na extremidade superior do fogo serpentino, então, se tudo correr bem, devem se mostrar também os dois malfeitores.

Quem são, ou o que são, os dois malfeitores? Em primeiro lugar o eu completamente egocêntrico, o comportamento humano petrificado no egocentrismo. Ele deve ser radicalmente eliminado, para nunca mais se levantar. O outro, o segundo malfeitor, pode ser explicado com base na psique do homem moderno. Quando, como jovem criatura, ingressais neste mundo, sois como que chutados e empurrados sob vários aspectos, para todos os tipos de hábitos. Sois forçados a vestir a camisa-de-força deste mundo, a camisa-de-força dos costumes. E vós acompanhais penosamente e andais aos solavancos. Para onde? Não o sabeis. A única certeza que há em vós é a de que prosseguis até a morte. E o que acontece depois, só o céu sabe! É assim, então, que encarais a situação.

Uma vez tendo vestido a camisa-de-força em vossos anos de mocidade, muitas qualidades boas são sufocadas, muitas possibilidades latentes em vós são aniquiladas; muitos aspectos de vosso ser, nos quais os iniciados veem uma promessa para o futuro, são neutralizados. Essa camisa-de-força, que faz que vos submetais à natureza deste mundo, neutraliza todas as possibilidades superiores em vós.

Portanto, se agora tomardes a decisão de palmilhar a senda da revelação cristã, a senda da Rosacruz vivente, então, ao lado da cruz do egocentrismo aniquilado também estará a cruz do segundo malfeitor, e, dessa cruz, vossas elevadas possibilidades há tanto tempo negligenciadas confessam com profunda humildade: "Senhor, nós vos reconhecemos!" E então soam as palavras: "Hoje, digo-te, hás de estar comigo no novo estado de vida." Compreendeis agora o significado das três cruzes sobre o monte Gólgota?

Se prosseguirdes no caminho que a humanidade em geral segue, as funções do santuário da cabeça carão completamente isoladas e se cristalizarão em atividades estereotipadas. Isso impossibilita ao ser humano alterar de modo positivo a natureza e a orientação de sua veste-de-luz. O fogo serpentino que, entre outras coisas, controla todo o processo nervoso, é então incapaz de conduzi-lo a iniciativas libertadoras.

Não é isso o que ocorre com muitos de vós? Tendes fé nos valores e forças do outro reino; possuís a certeza interior a seu respeito e podeis raciocinar cientificamente acerca deles, porém já não tendes força para qualquer iniciativa positiva, libertadora. Isso porque demorastes muito em cravar a espada em vosso próprio ser. Nesse estado de limitação, a vontade, localizada na extremidade superior do fogo serpentino e correspondendo com a pineal, permanece voltada para as velhas coisas, para os velhos hábitos de vida. E vossos olhos, cujas faculdades também são controladas pela pineal, por fim apenas veem os valores das velhas imagens do mundo: eles permanecem dirigidos para baixo, para a linha horizontal.

Se vos expomos tudo isso, e precisamos fazê-lo, é para que que claro para vós que, se quiserdes participar das novas possibilidades de nosso tempo, precisais efetuar logo, sim, imediatamente, uma completa mudança de rumo e abrir amplamente a porta do coração. Conheceis as palavras do falecido professor De Hartog: "O que o coração não quer não entra na cabeça"?

Vosso coração precisa estar completamente livre da crítica. A crítica é o pior veneno dos nervos que se possa imaginar. Todas as barreiras que a crítica levantou dentro de vós precisam ser removidas. Existem inúmeras pessoas que, no que concerne a seu estado de ser, são absolutamente iguais a vós: elas trabalham como vós, estão ligadas ao grupo tal como vós e suas personalidades estão igualmente carregadas de manchas e falhas. Em relação a todas elas, vosso coração precisa estar completamente livre, livre de antipatia, livre de crítica.

Vosso coração também já não deverá continuar a obscurecer-se com os muitos sentimentos de aversão, os quais muito comumente são cuidados com carinho. Esse desamor deve ser banido de vós, visto que mediante ele tornais vosso coração totalmente inacessível. Agora sentireis conosco a necessidade de mudar tudo isso com a máxima urgência. Não por motivos culturais! Se vossa veste-de-luz não funciona de modo apropriado, toda cultura nada mais é que uma roupagem que usais e que será novamente retirada de vós, ou logo reduzida a farrapos. Certamente não por motivos culturais, mas unicamente devido ao toque do novo campo de radiação intercósmico que agora, como dissemos, envolve tanto a nós como a todos os nossos semelhantes.

Falamo-vos do campo de radiação zodiacal piramidal de doze lados que, desde o eclipse de 20 de junho de 1963, entrou em um estado de atividade cada vez maior; uma radiação-eclipse, cuja atividade aumentará dia após dia, ligando indissoluvelmente o novo campo de radiação com nosso campo de vida, com todas as consequências correspondentes.

O fato é que esse novo campo de radiação afetará em sentido direto o santuário da cabeça de cada ser humano, muito especialmente o alto da cabeça, o círculo de fogo da pineal. E agora, trata-se de verificar se o processo de transmutação, a que todos os homens, sem exceção, serão submetidos, irá apanhá-los positiva ou negativamente. Quanto a isso, tudo dependerá da capacidade de reação de cada ser humano nesse momento. Permiti, agora, que esbocemos para vós o possível processo de desenvolvimento. Sereis, então, capazes de ver por vós mesmos até que ponto as duas possíveis reações, a positiva e a negativa, distanciam-se no tocante a seus resultados, e como o processo em questão tornar-se-á para alguns uma ressurreição, uma libertação, e, para outros, uma queda total.

Para iniciar, suponhamos que vossa veste-de-luz esteja preparada o suciente. (Por exemplo, considerai a bem minuciosa descrição dada no evangelho gnóstico *Pistis Sophia*). Nesse caso, tereis harmonizado completamente vossa vontade com a vontade de Deus. Toda vossa veste-de-luz esforça-se por receber o alento divino e por compreender a vontade de Deus. Estais interiormente preparados para, a qualquer momento, tomar qualquer medida e efetuar em vossa vida qualquer mudança que prove ser necessária a vosso discipulado. Em suma, tanto quanto está em vosso poder, ter-vos-ei harmonizado com a nova influência radiante que nos envolve a todos.

Se esse já for o estado de ser de vossa personalidade, então talvez possais, com a maior abertura, ir ao encontro da mônada, pois, em decorrência do auxílio do campo de radiação, todas as deficiências ainda presentes serão, por assim dizer, eliminadas. (A mônada é o espírito mesmo, o aspecto mais elevado e o mais divino do homem. A mônada é o verdadeiro lho de Deus, a centelha divina mesma.) Então, imediatamente começa para o candidato a nova aurora. A inteira veste-de-luz é penetrada por esplêndida e maravilhosa luz e o corpo material inteiro é envolvido por essa luz, por essa veste áurea nupcial.

A veste-de-luz, quando em união com a mônada é, com razão, denominada na escritura sagrada "a veste áurea nupcial". Ela é a nova gura anímica. E quando essa ligação mais íntima entre a veste-de-luz e a mônada torna-se profunda e forte, desenvolve-se uma série de novas qualidades, que antes eram absolutamente impossíveis.

Duas delas logo se apresentam nitidamente. A primeira é que a veste-de-luz se liberta completamente do manto material. O manto material ainda existe, mas a veste-de-luz está livre dele. Embora trabalhe com o manto material, a veste-de-luz está livre da pressão de certas leis naturais.

E a segunda nova qualidade é que, em consequência da libertação da veste-de-luz, se fica livre das três dimensões, da força de gravidade da natureza inferior. E por isso, se desejado, é possível uma ascensão absoluta e o encontro com a Fraternidade da Vida nas nuvens do céu.

Esperamos esclarecer-vos plenamente em nosso próximo serviço, o que entendemos por isso. Então o processo negativo, a respeito do qual até agora permanecemos calados, o desenvolvimento forçado para os que não prepararam a tempo sua veste-de-luz, também se tornará claro para vós.

Se quiserdes purificar vossa veste-de-luz, no sentido por nós intencionado, então aconselhamo-vos a aceitar, de coração, uma nova atitude de vida quíntupla.

Em primeiro lugar, considerai que uma verdadeira libertação jamais virá se permanecerdes em casa, sentados em vossa poltrona; se vos ocupardes unicamente com vossos livros; se permanecerdes teóricos. Se ainda nada fizestes por vosso semelhante, a bênção permanecerá de fora e a luz se retirará de vós. Por isso dizemo-vos: a primeira condição para todo verdadeiro aluno da comunidade da Rosacruz consiste sempre no derramamento de sangue, em depor sua oferenda no altar do serviço; em afadigar-se pelos semelhantes, até que, se for preciso, vós sucumbais nisso. Essa é a exigência!

As coisas da vida libertadora não chegam a vós sem mais nem menos! O derramamento de sangue também foi o glorioso e magnífico exemplo de todos os nossos predecessores da comunidade da Rosacruz vivente: o derramamento de sangue inspirado pela única ideia central, Jesus Cristo.

Somente quando vos decidirdes em primeiro lugar pelo derramamento de sangue, pela oferenda ao mundo e à humanidade, é que se desenvolverá, em segundo lugar, a paz, a tão necessária paz em vosso éter nervoso.

Por conseguinte, em terceiro lugar, uma radiação nervosa emanará de vós, permitindo-vos sempre oferecer auxílio a todos que se encontram em necessidade.

Se perseverardes nesse trabalho, então, em quarto lugar, o cajado mosaico estará firmemente em vossas mãos. Podereis, então, governar o fogo serpentino em vós e, por meio dele, avançar para a meta.

E em quinto lugar, ganhareis discernimento; ninguém pode dar-vos discernimento; vós mesmos deveis ganhá-lo mediante vossa luz interior. Mas (ouvi, e jamais o esqueçais!) essa luz interior unicamente se desenvolve pelo derramamento de sangue, quando se segue a Cristo.

Epílogo

Assim, queremos diligentemente tudo fazer que possa favorecer o florescimento da rosa do coração, e evitar tudo que possa obstaculizar esse processo.

Confirmemos esta decisão:

Ingressemos no misterioso estado da nova atitude de vida.
Desvendemos juntos esse segredo.
Estejamos juntos nessa vida!

Então, o resultado nos será revelado:
a extinção do fogo infernal.
Então nos aproximaremos juntos
do fogo oculto do altar de Deus. Amém.

Bênção final

Irmãos e Irmãs,
rogamos uns pelos outros,
para que sejamos testemunhas vivas
das forças de luz, que realizam
a transguração em nós. Amém.

3

A VOLTA DE CRISTO E A NOVA MANIFESTAÇÃO ETÉRICA

Voto

Misericórdia, paz e amor
sejam multiplicados em vós
através de Deus, nosso Pai,
em Jesus Cristo, nosso Senhor,
na comunhão do Espírito Santo. Amém.

Oração

Ó Senhor, estamos perante tua face,
e não te pedimos mais luz,
mas ouvidos que compreendam
tua palavra de amor!

Não te imploramos mais força,
e sim que façamos uso correto,
dia após dia, de tudo o que
nossa alma tem recebido de tuas mãos!

Não te suplicamos, ó Senhor,
novas dádivas, mas unicamente
a faculdade para saciar a outrem
na fonte interior que tu erigiste! Amém.

Ritual

Quando a Fraternidade Universal dos Filhos de Deus inicia determinado trabalho em benefício de qualquer onda de vida, esse trabalho jamais tem um caráter experimental ou está sujeito a qualquer fator especulativo. Semelhante trabalho é sempre baseado em um plano, que entra em ação no momento exato, e cujo resultado é sempre coroado de êxito. Por isso, quando, na era ariana, a Fraternidade dos Filhos de Deus começou seu trabalho em prol da humanidade, a fim de tornar a verdade única conhecida e aceita pelo gênero humano, seu sucesso estava previamente assegurado.

Esse trabalho, considerado em longo prazo, é tríplice, conhece três fases. Na primeira fase, a Corrente Universal trabalha *para* a humanidade; na segunda, ela trabalha *com* a humanidade, e na terceira fase, ela trabalha por meio da humanidade.

Isso quer dizer que, nos primeiros tempos do período ariano,quando o corpo racial da humanidade ainda não estava suficientemente apropriado para expressar qualquer vislumbre de consciência na esfera material, quando, portanto, ainda não se tratava sequer de vida ligeiramente consciente, foram os Filhos de Deus que regularam e conduziram o curso de vida e os processos a ela ligados para a jovem humanidade. Assim, naqueles tempos, a sublime Fraternidade trabalhou, literalmente, *para* a humanidade.

Na segunda fase, o estado de consciência da jovem humanidade já havia amadurecido e se desenvolvido o suficiente. O homem achava-se a caminho do nadir de sua existência terrena. Seu desenvolvimento mental havia progredido tanto que a verdade, que fundamenta toda a existência, pôde lhe ser revelada. Desde aquele momento, os Filhos de Deus vieram diretamente à humanidade. Compreendereis o quanto isso foi necessário, pois, como poderia a humanidade por si mesma tomar conhecimento da verdade? Foi preciso que esta lhe fosse revelada por intermédio dos que viviam dessa verdade única!

Assim teve início o poderoso e glorioso período da humanidade de que nos falam as lendas, o período em que os deuses apareceram na terra, associando-se aos homens e caminhando entre eles como verdadeiros reis e sacerdotes. Assim, a verdade veio habitar entre nós. Desse modo, a verdade veio chamar-nos para que regressássemos a nossa verdadeira pátria.

Em seguida surgiu, então, o terceiro período: o homem ouvira falar da verdade. Ele vira a verdade viva tomar forma em muitos. O grande irrompimento surgira. *Então* o homem tinha de provar que era capaz de realizar a libertação com e mediante sua própria força. Doravante, a verdade teria de tornar-se conhecida no próprio homem e por seu intermédio. Surgiram os reis-sacerdotes humanos. E os Filhos de Deus retiraram-se para seu próprio campo de vida para, de lá, prestar todo auxílio e orientação eventualmente necessários.

Deveis compreender claramente que, desde tempos imemoriais, sempre existiu uma hierarquia humana de reis e sacerdotes,imperturbável e indestrutível, perfeitamente sintonizada e unida à Corrente Universal dos Filhos de Deus. Pensai, por exemplo, na Ordem de Melquisedeque. Pensai em Jesus Cristo, nosso Senhor,um lho de Deus, nascido de homem. Os tempos obscureceram suas mensagens à humanidade, porém, a verdade vive! Ela é em e através de todos os tempos, e sempre existirão os que a proclamam. Amém.

Trecho do capítulo 90 do Evangelho dos Doze Santos

Novamente estavam os doze reunidos no círculo das palmeiras, e um deles, Tomé, disse aos demais: "O que é a verdade? Pois as mesmas coisas se apresentam de modo diferente a mentes diferentes, e mesmo às mesmas mentes,em épocas diferentes. Que é, pois, a verdade?"

E enquanto falavam, eis que apareceu Jesus no meio deles, e disse: "A verdade única e absoluta está apenas em Deus, pois nenhum homem ou qualquer grupo de homens sabe o que apenas Deus sabe, e que é o Todo no Todo. Ao homem, a verdade é revelada segundo sua capacidade de compreendê-la e de assimilá-la. A verdade única tem muitas faces, e uns só veem um lado, enquanto outros só veem o outro lado, e algumas pessoas veem maisque outras, conforme lhes é dado ver. [...]Vede este cristal: assim como uma só luz se revela por doze faces, sim, em quatro vezes doze, e cada face, por sua vez, reflete um raio da luz, uns percebem uma face, outros veem outra, porém o cristal é um só e também uma só a luz que ele irradia em todas. [...] Assim, a verdade é para cada um conforme o entendimento separado a percebe naquele momento,até que uma verdade mais elevada se lhe manifeste; e às almas que estão em condição de receber luz mais elevada,mais luz lhes será dada. Por isso não condeneis a outrem,para que não sejais condenados.

> [...] Muitos dir-me-ão:'Senhor, Senhor, fomos diligentes na tua verdade'. Eu,porém, lhes responderei: Não, diligenciastes apenas para que os outros a enxergassem assim como vós a enxergais,e, além dessa, nenhuma outra verdade vissem. A fé sem o amor é morta. O amor é o cumprimento da lei. [...]a verdade é o poder de Deus, e no fim ela reinará sobre todos os erros. Mas a santa lei que vos tenho dado é igual para todos, justa e boa. Deixai que todos a cumpram, para a salvação de suas almas". Amém.

Terceira alocução

"Cumprindo-se o dia de Pentecostes, estavam todos reunidos no mesmo lugar; e, de repente, veio do céu um som, como de um vento veemente e impetuoso, e encheu toda a casa onde estavam assentados. E foram vistas por eles línguas, como que de fogo, as quais pousaram sobre cada um deles. E todos foram cheios do Espírito Santo, e começaram a falar em outras línguas, conforme o Espírito Santo lhes concedia que falassem."

Todos vós conheceis essas palavras dos Atos dos Apóstolos,não é verdade? Citamo-las agora a fim de situar-vos no âmago do assunto de que estamos tratando e que vos trouxe a esta conferência. E dizemo-vos: um novo campo de radiação provindo da supranatureza circunda-nos, tanto a nós como a nossos semelhantes. À medida que se torna mais intenso, esse campo influencia nossa veste-de-luz, sobre a qual tivemos a oportunidade de falar outra vez de modo pormenorizado nestes dias. Essa radiação nos toca em nosso santuário da cabeça, na parte que corresponde ao círculo de fogo da pineal. Quando suportamos esse toque, desenvolvem-se numerosas impressões, que experimentamos como impressões auditivas ou visuais. Ouvimos um som como o de um trovão, ou vemos radiações luminosas, atividades luminosas que se comunicam a todo o grupo.

Semelhante experiência é muito compreensível e pode ser considerada como muito lógica, pois não é verdade que as estruturas orgânicas do santuário da cabeça são capazes de receber as mais sutis e delicadas impressões? Esse é o motivo por que os que se prepararam de modo sério e se tornaram espontaneamente receptíveis às impressões da supranatureza serão, desde o início,tocados por elas com grande veemência, e as experimentarão, no santuário da cabeça, como som e luz. Tudo isso, porém, é somente o início. É como um primeiro frêmito que se sente. Se já sintonizastes vossa vontade do único modo correto com a nova época que se aproxima – e sobre a qual todos devemos refletir –,então o círculo de fogo da pineal abre-se completamente. E nesse desimpedimento, a mônada desce no círculo de fogo, ligando-se de modo mais íntimo com a pineal.

Se ainda não sabeis o que deveis entender por "desimpedimento", lembrai-vos de nossas alocuções referentes às núpcias alquímicas de nosso Pai, Irmão Cristiano Rosacruz. Lembrai-vos de como o monarca reinante no sistema, o ser-eu comum,com todos os seus aspectos, anidades e propensões, precisou ser aniquilado antes que se pudesse falar de desimpedimento.

Todavia, tão logo esse desimpedimento no alto do fogo serpentino seja alcançado, e a mônada, que é o espírito vivificante, possa descer no círculo de fogo, então, nesse mesmo instante, toda vossa figura de luz, todo vosso ser, é vivificada e envolvida em fogo e flama, e mediante essa força-ígnea vossa veste-de-luz é desligada de vossa gura material.

Talvez possais agora imaginar como tudo se torna diferente em vós por efeito dessa intensa comoção. Dissemo-vos, nestes dias, que a veste-de-luz é o representante etérico em vosso corpo material. No novo estado de ser, que tentaremos descrever para vós, a veste-de-luz continua a cumprir sua tarefa no e para o corpo material. Mas, além disso, ela também adquiriu completa liberdade de ação. A veste-de-luz em vós desprendeu-se, libertou-se,e é como que atraída para cima, através do círculo de fogo da pineal, enquanto, todavia, permaneceis em um estado inteiramente consciente. Esse é o estado de ser indicado na escritura sagrada como "no mundo, porém já não do mundo".

O espírito, a mônada, penetra toda a veste-de-luz, ocupando todos os seus aspectos e átomos, e seu foco central encontra-se na glândula pineal, da qual a vontade e a consciência são as representantes.

Certamente compreendereis que quando, desse modo, a eternidade nasceu no tempo, quando o Espírito se manifestou no tempo, todos os aspectos temporais da veste-de-luz são com o que "tragados". A inteira natureza da veste-de-luz, todos os seus fluidos vitais, são perfeitamente sintonizados com o espírito vivificante que nela se introduziu. No mesmo instante, é tão difícil dizer como – Paulo fala de uma fração de segundo, em que tudo se desenvolve, em que o Espírito é recebido e tudo se transforma – nesse mesmo instante começa a fase da transfiguração, e o irmão ou a irmã em questão existe, simultaneamente, em dois mundos: no mundo da morte e no mundo da supranatureza. Mas, prestai atenção: não mediante este ou aquele estado de transe;não mediante miserável imitação ocultista, ou qualquer acesso consciente aos domínios que denominamos esfera refletora, mas mediante uma consciência nascente, clara e completamente nova;é uma participação no mundo do espírito vivificante, nos domínios em que a Fraternidade tem sua existência, nas regiões do sexto e sétimo graus.

Isso significa possuir o corpo comum e bem conhecido e, todavia, estar livre dele, ser independente dele. Significa estar livre de quaisquer sofrimentos corporais de que se possa padecer, ou de quaisquer possíveis torturas que esse corpo venha a sofrer: livre,vivente e real. Esse é o estado a que Paulo se refere, dizendo: "Quer,pois, vivamos ou morramos, somos do Senhor". A morte é então vencida. Quando tiver chegado o momento, o corpo material será simplesmente posto de lado, no estado de ser em que ele se encontrar na ocasião. Quando a veste-de-luz se retirar para as regiões do Espírito, a veste material se desvanecerá de maneira muito especial, ou desaparecerá de modo aparentemente misterioso, tal como o relata a Bíblia com referência a muitos personagens do passado. O modo pelo qual se processa esse desaparecimento depende inteiramente do grau de desenvolvimento do processo de transfiguração. Isso porque é o Espírito curador, santificador, que vem a vós na mônada, com um desenvolvimento completamente novo, tão logo a mônada vos tenha libertado de vosso suposto estado de ser vivente. Agora ainda experimentais esse estado comovida vibrante, muito embora em realidade ele nada tenha a ver com a verdadeira vida.

Unicamente esse outro estado, que resulta do ingresso do espírito na pineal, é verdadeiramente vida. Por isso não vos agarreis com ambas as mãos a esta existência terrena, pois já desde o início fostes convocados para essa única e verdadeira vida.

Se podeis agora fazer alguma ideia ou de certa maneira vos familiarizar com o processo que a ela conduz, então compreendereis que os que recebem a mônada no círculo de fogo da pineal e permitem o fluxo da mônada na veste-de-luz começam, a partir desse momento, a falar em outras línguas, em línguas que o Espírito os inspira a falar.

Compreendeis essas palavras? Não se trata de tagarelice mediúnica, do falar em vários tons de voz e dialetos, como se pode ouvir nas denominadas reuniões espiritistas negativas. (É inacreditável que ainda existam pessoas que delas queiram participar!) Não se trata aqui de obumbramento por uma ou outra entidade, mas de falar a única linguagem universal do Espírito, uma linguagem que pode ser compreendida por todos que verdadeiramente buscamo Espírito.

Considerando que, desde muitos anos, temos podido estudar convosco a Doutrina Universal, podeis conceber que quando a mônada desce e se liga com a glândula pineal e preenche por completo o santuário da cabeça, todos os aspectos, todas as estruturas orgânicas na cabeça mudam, e o¯acra da laringe, esse órgão maravilhoso que na verdade sustenta todo o santuário da cabeça, passa a ser governado pelo Espírito. Então, esse órgão criador superior estará perfeitamente desimpedido e falará, deverá falar, em outras línguas. Tão logo esse importante centro comece a funcionar, conforme foi intencionado, a linguagem do Espírito é sempre proclamada mediante a palavra falada. E, então, torna-se claro o que foi dito sobre Deus, por exemplo, na linguagem sagrada: "Falando, cria. Ordenando, é obedecido".

O que, desse modo, se torna ativo é o grande poder mágico universal. Semelhante estado de ser é sempre imitado por especuladores. Por isso, perguntamo-vos: Compreendeis, agora, em que sentido universal "o Espírito se dirige às comunidades"?

Vede, recebestes agora a essência da mensagem da Conferência de Renovação de *Aquarius*:

a manifestação do Espírito;
a descida do Verbo de Deus, do Espírito de Deus, no homem;

a participação na liação divina;

a volta de Cristo;

a iniciação nos mistérios da Rosacruz universal, o estabelecimento da única e verdadeira Igreja universal, que deverá iniciar-se neste século, em nossos dias, como consequência da descida de uma atmosfera propícia, que vos circunda e que circunda vossos semelhantes.

A presente situação é comparável à que já por várias vezes se manifestou no passado da humanidade, quando outra colheita dos tempos teve de ser reunida e recolhida ao celeiro. Portanto, a respeito desse processo, podemos literalmente falar de uma volta de Cristo, de uma volta absoluta.

Em nossa próxima alocução, tentaremos esclarecer como deveis compreender o Espírito Santo, e o que é realmente o Espírito Santo. Então, tornar-se-á clara para vós a existência de um avanço processual concernente a todas as manifestações do Espírito Santo. Fala-se de uma volta de Cristo, de uma colheita que deve ser recolhida ao celeiro. Mas a nova colheita, que agora tem início, é totalmente diferente de todas as colheitas que puderam ser recolhidas anteriormente.

Demo-vos um esboço da mais perfeita e ideal reação ao toque intercósmico, que tem como resultado a realização de um perfeito encontro face a face. No entanto – e dizemo-vos isso para vosso sossego – nesse sentido absoluto, não significa que todos os que não foram, ou ainda não foram, admitidos nesse poderoso processo, deveriam pensar que não farão parte da colheita, que talvez quem do lado negativo dos fatos, do lado negativo da linha de separação que se alarga cada vez mais. Não, precisamos dirigir vossa atenção para o fato de existirem vários graus de desenvolvimento positivo. Todos eles permitirão que ingresseis no único reino. Podemos dizer-vos isso sem exaltação mística, desde que coloqueis as mãos no arado, agora, em nossos dias, pois, quem não o fizer ficará irrevogavelmente submetido ao desenvolvimento negativo dos acontecimentos.

Em um de nossos últimos serviços templários em Haarlem, falamo-vos das consequências gerais futuras do novo campo de radiação, consequências essas que afetarão cada ser humano no mundo. Também reiteramos, em um dos serviços de nossa Conferência de *Aquarius*, que dentro de pouco tempo desenvolver-se-á processualmente a visão etérica. Quando, pois, esse novo campo de radiação tocar o círculo de fogo da pineal, a consequência será,no mínimo, uma atividade mais intensa dos tálamos ópticos, ou seja, dessas mui delicadas ramificações nervosas que ligam a pineal aos olhos. Por conseguinte, às pessoas que jamais ouviram falar a respeito da preparação do círculo de fogo da pineal isso poderá,entre outras coisas, causar perturbações visuais. Com efeito, em futuro próximo tereis notícias de diversas enfermidades dos olhos. Por outro lado, manifestar-se-á de modo crescente a já mencionada visão etérica, que de modo algum – e compreendei-o bem – deve ser considerada visão espiritual. Já vos explicamos anteriormente o que é a visão espiritual. É um desenvolvimento completo e único da pineal, um desenvolvimento ligado à mônada. A visão etérica desenvolve-se sempre por meio dos nervos ópticos. Portanto, uma atividade mais sutil das estruturas orgânicas será, neste caso, motivo de outra atividade de nossos olhos, a qual denominamos visão etérica.

Compreendeis que a visão etérica por si só já provocará uma tremenda mudança em nosso mundo; nada menos que uma revolução mundial envolvendo todos os povos. Suponde que, digamos, dentro dos próximos dias, em vez de apenas ver coisas materiais, como acontecia antes, subitamente começásseis a ver o interior dos domínios de vida que nos circundam, de modo que vosso campo de vida teria, assim, se ampliado consideravelmente. E imaginai isso em relação a toda a humanidade! Teríeis, então,repentinamente, obtido participação em uma esfera de existência totalmente outra, em uma vida extremamente diferenciada – e precisais ponderar bem sobre isso –, uma vida que torna possível a vida material, pois, como já dissemos, viveis graças a vosso duplo etérico.

Pois bem, esse domínio de vida etérico, essa parte etérica da esfera refletora, tornar-se-á gradativamente visível para a humanidade inteira, que participará de modo pessoal desse processo e para quem cará patente toda a vida na esfera refletora, com seus vários aspectos e também com sua imensa ilusão. As cortinas diante do palco serão afastadas para a humanidade, e todos descobrirão que se trata aqui de uma vida sem um único fundamento elevado verdadeiro sequer; e, além disso, que a vida na esfera refletora também consiste inteiramente em ilusão. Ademais – e isso é menos agradável –, as pessoas descobrirão toda a escória etérica, todos os parasitas etéricos que, pior que os parasitas na esfera material, se alimentam e vivem de nossa veste-de-luz. Nossos atuais métodos higiênicos nada podem fazer contra tal fato. Se vossas mãos estão sujas, podeis lavá-las. Se sentirdes que não estais em boas condições higiênicas, podeis tomar um banho. Mas, cem banhos seguidos não poderão livrar-vos das impurezas existentes na esfera refletora, impurezas que podem assaltar-vos de todos os lados.

Contra isso, a cultura moderna de higiene corporal não é de nenhuma utilidade. Para tanto, a única coisa necessária é a atitude de vida, e nada mais. A atitude de vida será o método higiênico do futuro próximo. Isso porque quando vossa veste-de-luz se transforma mediante atitude de vida, de vós parte uma radiação totalmente diferente, e com essa radiação ireis repelir todos os parasitas etéricos.

Compreendereis que, quando o novo desenvolvimento se manifestar completamente para a humanidade, todo o orgulho, toda a ilusão, toda a presunção do ser humano cairá por terra. O homem saberá que, apesar de convocado para o que há de mais elevado, com frequência ele é, em muitos aspectos, o ser mais fortemente ligado à terra e o que mais se afundou nela. Essa situação provocará em inúmeras pessoas tremendas reações psíquicas que se exteriorizarão em forma de impulso para uma nova busca. O homem tentará encontrar uma saída da situação, que ele agora começa a compreender. Ele tentará encontrar outras formas de higiene e outros métodos de libertação. Valores humanos completamente outros serão aplicados, valores que, como dissemos,possam ter relação exclusivamente com a atitude de vida; que não digam respeito apenas ao exterior, mas, sobretudo à vida interior. Com base em tudo isso, podeis agora imaginar em que futuro extremamente interessante e notável e em que extraordinário desenvolvimento ingressará a humanidade, apenas pelo fato de o novo campo de radiação intercósmico, pelo fato de o Espírito Santo, tocar o círculo de fogo da pineal.

E devemos dizer-vos que até agora apenas tratamos de um único aspecto das consequências que irão ocorrer quando a visão etérica sobrevir a toda a humanidade. Poderíamos investigar inúmeras outras linhas de desenvolvimento, inúmeros desmascaramentos que advirão. Em futuro próximo teremos, sem dúvida, oportunidade para essa investigação fundamentada em fatos. Poderíamos entreter-vos durante horas, expondo-vos os múltiplos aspectos do futuro desmascaramento. E não exageramos quando dizemos que a consequência disso tudo será uma completa revolução social.

Credes que alguém ousaria apresentar-se diante do públicos e todos pudessem verificar como funciona sua veste-de-luz e a que forças etéricas ele está ligado? Com toda a certeza ele não se atreveria a subir numa tribuna caso não satisfizesse a um mínimo de exigência! Portanto, o novo desenvolvimento psíquico estimulará grandemente a verdade!

Esse desmascaramento acontecerá nos próximos dias, meses e anos. E, no tocante a isso, temos uma tarefa a cumprir durante esta conferência. Esboçamos para vós o que sucederá aos que já se encontram em condição de ingressar na vida libertadora. Vimos que o novo mundo abre-se para os que de fato podem ser¯amados alunos de uma escola espiritual.

E agora compreendereis que tudo que expusemos até aqui fará que todo o caráter da Escola Espiritual se modifique nos próximos meses e anos. Já não nos será possível contentar-nos em dirigir-vos a palavra e deixar que decidais o que fareis com o que ouvistes. Em futuro próximo, uma escola espiritual deverá tornar-se uma comunidade de homens e mulheres que de fato convertem em realidade a nova atitude de vida. Apenas então eles se tornarão uma força construtora, auxiliadora, em nosso mundo que está que passa por tão grandes mudanças.

Um ensinamento completamente novo, adaptado às novas condições, terá desenvolvimento na Escola Espiritual. Esse ensinamento estará baseado exclusivamente em fatos, que poderão ser verificados de maneira direta por todos.

Por isso, precisamos descrever para vós as condições mínimas de vida, às quais agora, hoje mesmo, devereis satisfazer. Essas condições são indicadas aos dentre vós que, conquanto estejam abertos para uma mar¯a humana libertadora, até este momento,por algum motivo, ainda não corresponderam a essas condições. Como se explica tal fato? A resposta é absolutamente clássica! Quando soa o¯amado: "Ide ao encontro do noivo!", todos nos encontramos demasiado ocupados. Então, dizemos: "Primeiro preciso fazer isto; ainda tenho de ver como ele ou ela está; primeiro ainda tenho de pôr isto em ordem; minha posição social exige que antes eu regularize isto ou aquilo, porque ninguém pode abandonar as coisas ao sabor das ondas" etc, etc. É assim como a linguagem sagrada o descreve. E a prática o confirma. Todos nós estamos sempre muito ocupados; estamos entregues a mil e uma coisas, ao passo que o mais importante, o mais sublime, é relegado a segundo plano.

Agora tudo isso deve pertencer ao passado!

Em seguida, também queremos indicar-vos a mar¯a de desenvolvimento dos que, apesar de bem conhecerem o caminho, não *querem* trilhá-lo. Lembramo-nos de que há anos tivemos um encontro com um jovem, que nos disse: "Sei que estais com a razão. Sei muito bem que o caminho que trilhais é o certo. Mas eu não vou fazer isso. Simplesmente não o farei!" Ele declarou isso com toda sua determinação. Esse homem, que conhecia o caminho,que conhecia o processo, mas que decidido não o pôs em prática,teve um fim miserável, um fim horrível.

Não vos dizemos isso apenas a título de advertência, mas para enfatizar a grande seriedade de nosso argumento e a gravidade da época atual. Agora, trata-se de: tudo ou nada!

Esperamos poder ouvir vossa decisão amanhã.

Oração final

Abri inteiramente o coração.
Após vencida a luta,

escutai a voz do imo!
Alçai voo e abandonai
o mundo da ilusão!
Ide, ainda hoje, para vosso Pai!

A espada do Espírito Santo
expulsa todo o mal,
e o Opositor afasta-se de vós.
Limpo e purificado,
após a longa jornada,
o Filho da Plenitude
recebe o adorno da realização. Amém.

Bênção final

Irmãos e Irmãs,

Sabei que a unidade como Espírito Sétuplo Universal somente pode ser alcançada se a vibração básica vier do ponto central da realidade de ser, que está em Cristo.

E acontecerá que todos que a invocarem *desse modo,* serão bem-aventurados, ou seja: iluminados pelo Espírito Santo. Amém.

4

A COMUNIDADE DO ESPÍRITO SANTO

Voto

Na luz radiante do Espírito divino
nos encontraremos reciprocamente e sabemos que,
se estivermos em verdade unidos aqui com base
no estado de alma vivente, compreenderemos e
abarcaremos inteiramente a palavra pronunciada.

"Ó insondável riqueza
da sabedoria e do conhecimento de Deus,
quão insondáveis são seus decretos,
quão inescrutáveis são seus caminhos.
Pois, quem conheceu os pensamentos do Senhor?
Ou quem foi seu conselheiro?
Ou quem em primeiro lugar lhe deu algo,
que ele devesse retribuir?
Porque dele, e por ele, e para ele,
são todas as coisas.
A ele seja a magnificência até a eternidade. Amém."

RosaMystica 69

Três candelabros ardem;
são as três vezes sete chamas.
Eles não conseguem facilmente
iluminar-nos a senda da salvação,
pois o negro véu das trevas
mantém-nos aprisionados.
Falta o auxílio capaz de mitigar
o anseio ardente.

Até que se inicie a grande batalha
no santuário do coração
e o eu apague o candelabro,
que é a causa de todo o sofrimento.

Uma nova luz então brilhará,
com três vezes sete cores,
e o coração, qual roseiral,
exalará sua magnificência.

O candelabro da cabeça
saudará então o Espírito.
E vede... a nova alma renascida
vai ao encontro de seu Deus!

Evangelho de João, capítulo 1

"No princípio era o Verbo, e o Verbo estava com Deus, e o Verbo era Deus. Ele estava no princípio com Deus. Todas as coisas foram feitas pelo Verbo, e sem o Verbo nada foi feito. No Verbo estava avida, e a vida era a luz dos homens. E a luz resplandece nas trevas,mas as trevas não a receberam.

Houve um homem, enviado de Deus, cujo nome era João. Este veio para testemunho, para que testicasse da luz, a fim de que todos cressem por meio dele. Ele não era a luz; mas veio para dar testemunho da luz. Ali estava a luz verdadeira que alumia a todo o homem que vem ao mundo.

Ele estava no mundo, e o mundo foi feito por ele, e o mundo não o conheceu. Veio para o que era seu, e os seus não o receberam.

Mas, a todos quantos o receberam, ele deu-lhes o poder de serem feitos lhos de Deus, aos que creem em seu nome; os quais não nasceram do sangue, nem da vontade da carne, nem da vontade do homem, mas de Deus.

E o Verbo se fez carne e habitou entre nós, e vimos a sua glória,como a glória do unigênito do Pai, cheio de graça e de verdade. João testificou dele e clamou, dizendo: 'Este era aquele de quem eu dizia: O que vem depois de mim é antes de mim, porque foi primeiro do que eu. E todos nós recebemos também de sua plenitude, e graça por graça. Porque a lei foi dada por Moisés; mas a graça e a verdade vieram por Jesus Cristo'."

Ritual

"Deixai vossa luz brilhar diante dos homens, a fim de que vejam vossas boas obras e glorifiquem a vosso Pai, que está no céu.

"Quem verdadeiramente "deixa sua luz brilhar diante dos homens", conforme o exprime a Doutrina Universal e toda a linguagem sagrada, deve fazê-lo com o novo estado de consciência em desenvolvimento. A consciência-eu, tal como a possuímos e conhecemos, unicamente é adequada e capaz de se expressar nas esferas da natureza da morte. Porém, semelhante consciência jamais terá condição de ingressar na realidade da verdadeira vida e nela possuir um estado de alma consciente.

Portanto, está claro para nós: quem quer ser um verdadeiro aluno de uma escola espiritual gnóstica deve, após determinado tempo de preparação e orientação, despojar-se do antigo estado de consciência para dar ao novo estado de consciência a oportunidade de manifestar-se. O processo que conduz a esse estado denominamo-lo a subida ao monte. Quando esse processo é bem sucedido, e o aluno chegou realmente a participar do novo estado de consciência, que é, ao mesmo tempo, um estado de alma vivente e cintilante, então o aluno, que se tornou um discípulo,possui uma nova força-luz oriunda de seu próprio ser interior. Com essa força-luz do estado de alma vivente ele deve dirigir-se ao mundo e à humanidade. *Essa* é a luz que deve brilhar diante dos homens!

Somente com *essa* luz os homens buscadores podem ser auxiliados e assim, com maior rapidez, ser conduzidos a resultados libertadores.

Somente com *essa* luz os homens aprisionados pelo mal podem ser libertados de suas amarras e receber a oportunidade de se tornar buscadores.

Somente com *essa* luz o mal, que por meio de seus efeitos tudo destrói, pode ser conservado dentro de suas limitações naturais.

Somente com *essa* luz as esferas de vida do gênero humano podem ser suficientemente purificadas e conservadas em condição de se constituírem de fato campos de desenvolvimento para seres humanos que, apesar de tudo, em seu ser mais profundo, devem ser denominados filhos de Deus.

Se também nossa Escola Espiritual quiser ocupar o lugar para o qual foi chamada nesse poderoso e glorioso trabalho, então,pelo menos os membros dos 5.º e 4.º aspectos têm de dar prova e testemunho de possuir *essa* luz.

Por conseguinte, cada um de nós compreenderá que, após tantos anos de orientação e preparação a nós concedidos, soará agora para todos nós o chamado: "Deixai agora que vossa luz resplandeça claramente diante dos homens, a fim de que vejam e conheçam os resultados de vossas obras". Amém.

Quarta alocução

"Então aparecerá no céu o sinal do Filho do homem."

Sem dúvida, conheceis essas palavras do Evangelho de Mateus, capítulo 24, assim como também já deveis estar familiarizados como restante desse capítulo. Essa é uma página sombria do Novo Testamento. De fato, essa profecia possui uma base puramente científica. Todos os acolhidos no campo de luz da filosofia da Fraternidade Universal conhecem o passado, o presente e o futuro. Eles conhecem o desenvolvimento dos fatos.

Por isso, assim como o faz o autor do Evangelho de Mateus,eles também sempre apresentam os fatos de modo absolutamente concreto, *tão* concreto como se o que profetizam se relacionasse diretamente ao *presente*. Os irmãos do passado sabiam, contudo,-que o Dia do Senhor não poderia simplesmente vir a qualquer momento porque, como dissemos, eles tinham conhecimento da marcha de desenvolvimento dos acontecimentos. Porém eles também sabiam que cada ser humano tinha de se preparar desde cedo e, por conseguinte, situaram suas profecias no eterno *agora*.

Desse modo, nós também colocamos as coisas diante de vós,porque agora o tempo chegou. O que os antigos predisseram se realizará em nossos dias. Então sabereis que os antigos irmãos não estavam plenos de exaltações. Porque, quantas vezes talvez já não tereis pensado: "Isto ou aquilo foi profetizado há dois mil anos e até agora nada aconteceu. Não seria talvez uma fábula?" Porém,agora é possível que compreendais o motivo de acontecimentos iminentes terem sido profetizados há aproximadamente dois mil anos.

Os grandes processos de modificação da atmosfera de nosso mundo, que são perceptíveis por toda parte, tornaram-se visíveis para nós. Eles encerram em si "o sinal do Filho do homem". As condições atmosféricas sempre determinam os valores das radiações que, em determinado momento, adquirem poder sobre os homens. O desenvolvimento das coisas então acometerá e influenciará vossa veste-de-luz, que deve ser conduzida a certo estado. Desse modo, fica determinado todo o curso dos acontecimentos,todo o destino da humanidade. Os valores das radiações dirigem a humanidade para certa manifestação: eis a razão de essas influências deverem ser assimiladas por vossa veste-de-luz, quer de maneira harmoniosa ou não.

Assim, vedes que o destino da humanidade é determinado pelas forças-luzes cósmicas e intercósmicas. O Filho do homem é o espírito vivente. O Filho do homem é tudo que vive e existe no Espírito, pelo Espírito e com o Espírito. Portanto, o Filho do homem é a vivente Fraternidade mesma. Devido ao fato de todos nós possuirmos uma veste-de-luz, da qual vivemos e pela qual existimos, é perfeitamente lógico e razoável que, quando a vida divina e universal, da qual todos somos provenientes, tem algo a transmitir à humanidade, e determinado período que chega ao fim deve ser seguido pcr uma nova marcha do destino, tudo isso aconteça mediante um campo de radiação especial que envolve a humanidade e influenciará sua vida de ações em todos os pormenores.

A veste-de-luz de Deus abrange a veste-de-luz dos homens, e a isso todos devem adequar-se. Ninguém escapa dessa exigência; ninguém escapa dessa influência. A questão agora é a seguinte: de que maneira essa veste-de-luz de Deus irá atingir-vos e, sobretudo,em que estado de ser vos encontrais em certo momento, pois disso depende o resultado de vossa reação. Por conseguinte, vosso estado de ser determinará todo vosso destino ulterior, visto que,atentai para isto: a Fraternidade da Luz jamais atua de modo arbitrário!

Todos recebem, no devido tempo, aquilo de que necessitam. O novo campo de radiação que nos envolve sempre procede do amor de Deus, mesmo que tenhamos de experimentar esse amor como pesada carga, como castigo. O novo campo de radiação, quenos envolve com a finalidade de impelir a humanidade a um bem superior, possui tudo que o homem necessita e pode assimilar. Considerai agora o seguinte: muitos de vós estais na Escola Espiritual já há anos. E agora trata-se de perguntar a cada um de vós o seguinte: fizestes efetivamente uso correto de todos esses anos? Valeste-vos da maneira justa de todos os meios de que dispondes para a auto-realização? Se esse não for o caso, então é compreensível que o novo campo de radiação não possa tocar-vos de modo inteiramente harmonioso. Então, essa ou aquela desarmonia que venha a se manifestar em vossa vida deverá ser compreendida como a maior graça possível que poderia vos ser concedida. Não *existe* algo semelhante a punição nem algo como vingança divina. Contudo, o amor de Deus é irresistível. Se, portanto, experimentais o toque como desarmonia, como chicotada,então é justamente isso que é útil ou necessário para vós.

Antes de prosseguirmos, precisamos dizer-vos mais uma vez que há doze períodos de desenvolvimento da humanidade. Em *um* ano sideral (esotérico) ocorrem todos esses doze desenvolvimentos, todas essas doze influências no caminho da humanidade. Em cada um desses períodos a humanidade deve cumprir determinada tarefa. Por essa razão fala-se desses doze aspectos, dessas doze influências zodiacais, como de doze irmãos que estão a nosso redor e conosco.

O período de *Aquarius*, o qual estamos agora adentrando, será perfeitamente auxiliado pelos outros onze irmãos. Por isso, vemos também aparecer hoje uma pirâmide zodiacal duodécupla. No caminho de desenvolvimento duodécuplo, no curso de doze eras, sempre intervêm sete forças, sete manifestações etéricas, que são santificantes, portanto, restauradoras, redentoras. Esse corpo etérico curativo de sete forças, que emanam dos doze irmãos, dos doze signos zodiacais, desce novamente em nossa época e toca-nos,com a finalidade de salvar-nos ou de, pelo menos, servir-nos e auxiliar-nos.

Em cada uma das doze eras de desenvolvimento da humanidade de um ano sideral, o corpo que nos toca é diferente do precedente e também difere das eras subsequentes de existência. E a regularidade, o cronos desse cumprimento da lei universal,não pode, evidentemente, ser retida por nada nem por ninguém,ainda que, por exemplo, em certo momento não seja conveniente a alguém. Todos, incluindo o presidente dos Estados Unidos, o sr. Kennedy, e o líder da União Soviética, o sr. Krushov,[1] deverão adequar-se a isso, todos, não importando sua posição na escala social. O Espírito Santificante vem a todos, e o corpo sétuplo do Espírito Sétuplo penetra todos.

[1] *A conferência presente neste livro foi realizada em 1963 (n.e.).*

Se agora invocarmos o sagrado corpo de nosso Pai-Irmão Cristiano Rosacruz – pois é chegado o momento! – esse corpo nos atingirá de acordo como estado de ser em que nos encontrarmos.

Falamos de "Rosacruz" porque nossa veste-de-luz forma um sistema cruciforme de centros de força. Se afastardes as pernas e estenderdes os braços podereis ver claramente a gura em forma de estrela, na qual deverá configurar-se a cruz com rosas. Essa rosacruz abrange, pois, nossa veste-de-luz, uma veste-de--luz com muitos centros de força ou rosas, manifestando-se como uma estrela de cinco pontas.

Pois bem, todo esse sistema em nós constituído pela rosacruz vivente deve consagrar-se a Cristo; deve conar-se ao ser de Cristo,sintonizar-se com ele e tornar-se completamente *uno* com ele. *Por isso* falamos de "Cristiano Rosacruz".

E agora que nos colocamos neste campo de radiação e todos os sete aspectos do santo Espírito Sétuplo nos tocam, podemos saudar o sinal do Filho do homem, quando nossa mônada adentra nosso sistema: como Deus de Deus, como Espírito do Espírito.

Contudo, se isso ainda não for possível agora, é sempre uma poderosa força purificadora que nos atinge como se fora uma espada. Quando o Espírito irrompe, ninguém – e lembrai-vos disso – ninguém é deixado de lado. Possivelmente é uma espada que nos atinge, que nos fende, uma espada que rasga nossa veste--de-luz, e que nos faz ver com a maior clareza o que até agora nos tem impedido de transformar a bênção recebida em benefício eterno. E todos que experimentarem essa reação receberão a graça de realizar nessa força especial radiante e mediante ela a grande e santa obra, o *mysterium magnum,* cuja execução se requer de todos vós. Seja qual for o estado de ser em que vos encontreis,lembrai-vos de que mediante a força aqui recebida esta manhã todos vós tereis condição de executar a grande obra. Mas também não vos esqueçais de que não sabemos quanto tempo ainda vos resta para tanto!

É possível que agora tenhais compreendido que a preparação para esta época começou há cerca de dois mil anos e que os autores do Novo Testamento tiveram seu papel nisso: "Preparai-vos! O tempo chegou. Vigiai para não cairdes em tentação!"

Os irmãos expuseram as coisas dessa forma tendo em vista os dias atuais, com seus olhos voltados para a época que agora se apresenta. Portanto, nenhum de nós poderá dizer: "Eu não sabia".É possível que já tenhais adiado demais vossa reação positiva.

Vede, pois, como a moderna comunidade do Espírito Santo,a comunidade que vive no e do Espírito Santo existe interiormente. Mas, lembrai que não é nosso objetivo conduzir-vos a um estado de arrebatamento, a um estado de êxtase místico. Não, queremos encarar essas coisas de modo tão lúcido quanto possível. Queremos aproximar-nos delas fria e cientificamente. E agora solicitamos toda a vossa atenção, porquanto recebemos uma missão,e o que vamos transmitir-vos é ditado pelo Espírito:

A comunidade de aproximadamente três mil almas presentes neste templo recebe plenamente os dons da graça do Espírito Santo. Tudo que aqui é oferecido é, sem nenhuma exceção, para todos vós. Todos os atuais dons da graça recebemo-los aqui do Espírito Santo e pelo Espírito Santo. Por conseguinte, ou já ingressastes ou ainda estais vos aproximando. A total comunidade dos que ingressaram e dos que estão se aproximando do ser central da Escola Espiritual participam dessa efusão do Espírito. Todos foram acolhidos nesse campo de radiação, todos, sem exceção.

"Como isso é possível?", perguntareis. Bem, considerai a imagem que vos é transmitida por nossa Escola Espiritual moderna.

Acima da Escola Espiritual está a Comunidade da Vida. E, de tempos a tempos, podemos invocar o Grão-mestre da Corrente

Universal. Abaixo desta, agrupam-se: um Conselho de Anciãos; uma Comunidade da Cabeça Áurea; a falange sacerdotal, denominada *Ekklesia*, e um grupo que se prepara para a falange sacerdotal, denominado Escola de Consciência Superior.

Possuímos ainda uma comunidade de alunos professos já muito forte; uma comunidade de alunos probatórios; uma comunidade de alunos preparatórios, e os que ainda se encontram no átrio; e,em seguida, temos nossa vivente comunidade da mocidade.

Todos esses aspectos estão reunidos no que comumente denominamos Comunidade da Rosacruz. Sobre toda essa comunidade, sobre todo esse corpo vivente descem os dons da graça do Espírito Santo. Portanto, ninguém que pertença a esta comunidade precisa ser fraco ou pensar que é fraco, pois todos somos imensamente fortes nela, nesta moderna comunidade do Espírito Santo.

Gostaríamos agora de explicar-vos por que é assim. Como sabeis, em nossa Escola Espiritual, indicamos o Espírito Santo como Espírito Sétuplo. No decorrer dos doze períodos que em conjunto formam um círculo sem fim em constante progressão,-sete forças se aproximam de nós, as quais se manifestam continuamente como sete raios da razão divina, a fim de consolidar no tempo o plano de Deus para o mundo e a humanidade. Portanto,é impossível que o plano de Deus deixe de funcionar por esteou aquele motivo. Obviamente, a intenção é que todos cooperemos harmoniosamente com os desígnios do plano. Mas, caso isso não aconteça, então toda oposição é varrida como por violenta tempestade. Não como punição, mas para aniquilar o que já não pode reagir.

Pensai, por um momento, no poderoso símbolo acima do lugar de serviço no templo de Haarlem. Vedes, nesse símbolo, a veste-de-luz de cada ser humano representada por uma estrela de cinco pontas, como uma verdadeira rosacruz vivente. Essa resplandecente estrela está envolta pelo círculo zodiacal, o círculo dos doze irmãos, que se manifestam a toda a humanidade em outras formas e de quem procedem as sete vezes sete gradações etéricas do Espírito Santo.

Os sete vezes sete toques tencionam poder, um dia, preencher completamente a veste-de-luz de cada ser humano. Por conseguinte, o emblema sobre o lugar de serviço, em Haarlem, não é nenhum símbolo do passado, como se poderia supor, porém um símbolo que abrange o passado, o presente e o futuro. Porque,compreendei-o bem: assim como os doze períodos da humanidade seguem-se um ao outro, de ano sideral a ano sideral, assim também os sete vezes sete aspectos do Espírito Santo, com intensidade sempre crescente em força-luz, finalmente conduzirão aseu ápice a efusão de força – o que acontecerá em futuro distante.

Portanto, compreendereis que a efusão do Espírito Santo refere-se a uma força indivisível e poderosa, que sempre foi, é e será a mesma. Essa manifestação de Deus no homem segue um caminho,uma senda, um processo de desenvolvimento com a humanidade. Vemos todo esse caminho de desenvolvimento do Deus em nós,de Deus manifestado em nossa veste-de-luz, representado no símbolo do templo de Haarlem.

Esse caminho, essa senda, deve ser *escolhido*. O homem deve realmente *querer* trilhar essa senda. Por isso, na Escola Espiritual sempre fazemos a cada um que solicita seu discipulado a necessária pergunta: "Estais em condição de aceitar as consequências dessa escolha?" Se a resposta for negativa, então seu lugar não é na Escola Espiritual. Cada ser humano é cordialmente bem-vindo à Escola Espiritual, porém as consequências da senda devem ser aceitas. Esse é o modo como procedemos, e assim precisamos fazê-lo, no Espírito Santo e mediante ele. O toque do Espírito

Santo desconhece negociações. Ele deve ser recebido com todas as consequências.

Portanto, um homem que invoca o Espírito Santo é obrigado a trilhar a senda dos doze irmãos. Ele deve decidir-se positivamente a fazê-lo e a demonstrá-lo mediante sua atitude de vida, porque o Espírito Santo age apenas em sentido libertador; o Espírito Sétuplo é redentor unicamente quando a senda de libertação é escolhida em verdade e realidade.

Se essa escolha não é feita pelo ser humano, então para ele o Espírito Sétuplo nada mais é que uma força natural superior, que o conduz no perpétuo girar da roda do nascimento e da morte ena progressão dos períodos, segundo o curso da lei natural.

Se, porém, aceitais conscientemente a efusão do Espírito Santo,então ele vos toca em vossa veste-de-luz e, em dado momento,sois incapazes de negar sua influência. Contudo, se o recusardes,então evidentemente sempre surgirá desarmonia nos vários fluidos vitais; desse modo explicam-se os vários estados doentios dos seres humanos. Se suprimirdes essa desarmonia, as enfermidades também desaparecerão e, como sabeis, também desaparecerá a morte.

Quando um ser humano escolhe de fato e assim recebe o Espírito em sua veste-de-luz, então ele fica ligado a essa decisão, fica sujeito a ela. Mediante a efusão do Espírito em seu sistema, este é transformado, ou se encontra em processo de transformação. Por conseguinte, se o ser humano não cumpre a nova lei, que deveria governar seu caminho de vida, então surgem as maiores dificuldades, como sem dúvida compreendereis.

Todavia, se o ser humano resolve acolher essa força poderosa,essa força de Deus, e resolve adequar-se completamente às leis divinas, então o Espírito Sétuplo desce sobre ele, sem manifestar, contudo, toda sua potência, isto é, com todos seus quarenta enove aspectos, pois quem dentre nós poderia suportá-lo? Ninguém. Então o Espírito Santo apenas se manifesta a ele em uma potência compatível com seu estado de ser. Portanto, só recebemos o que podemos suportar, só aquilo a que podemos corresponder. Pensai, em relação a isso, na parábola dos talentos. Quer possuais dez talentos, ou apenas um, sereis julgados de acordo com o que tiverdes recebido.

Vemos, portanto, que na marcha dos tempos existem momentos em que o desenvolvimento normal dos processos naturais de vida é radicalmente mudado. Aproximamo-nos agora, com grande rapidez, de semelhante momento: uma verdadeira crise mundial e humana, uma intensa revolução. Supomos que esse processo atingirá seu desenvolvimento completo dentro dos próximos dezoito ou vinte anos, como já vos dissemos. Mas isso também poderá acontecer muito antes. Em vista de tal situação, compreendeis que já não temos tempo a perder? Eis a razão desta conferência! Contudo, compreendei, ao mesmo tempo, que não desejamos absolutamente coagir-vos.

Fazemos votos para que nenhum de vós seja tomado de surpresa pela violência, pela força dos desenvolvimentos vindouros. Porque está claro que a humanidade despreparada será confrontada com muitas e grandes dificuldades. Por isso, a Fraternidade Universal está esforçando-se ao máximo, a fim de poupar a maior parte possível da humanidade dos efeitos dessa violência ilimitada.

Isso também explica a presença e a atividade da Escola Espiritual moderna. A Escola Espiritual da Rosacruz sempre se apresenta quando os tempos mudam. Ela aparece em uma multiplicidade de aspectos, a fim de que ninguém seja impedido de participar de seu trabalho, porquanto viver o discipulado preparatório é uma arte que todos podem aprender. Se estiverdes preparados, de acordo com vosso estado de ser, para trilhar a senda que vos indicamos, com todas as consequências, então sereis poupados do declínio dialético inerente aos processos naturais e recebereis participação direta na comunidade dos lhos de Deus. Quereis rever mais uma vez a bem conhecida profecia que figura em tantas páginas da escritura sagrada? O que ali é anunciado como profecia torna-se agora realidade. E permiti-nos repetir o seguinte: ao aproximar-se tal fase crítica, sempre aparece também a Escola Espiritual para procurar o que ameaça perder-se (oque essencialmente seria inevitável apenas para poucos), e reunir no aprisco todos os que ela pode encontrar.

A Escola Espiritual forma um corpo-vivo com sete aspectos,- com sete gradações, desde o discipulado preparatório até o Conselho dos Anciãos. O Conselho dos Anciãos forma o sexto aspecto,como sabeis, mas acima dele há ainda um sétimo aspecto. Alguns em nossa comunidade representam esse sétimo aspecto. A essa comunidade, portanto desde o menor dos alunos até os mais avançados, é *agora* proposto aceitar as leis do Espírito Santo e aplicá-las interiormente.

A partir do momento em que essa proposta é aceita e colocada em prática, o grupo forma uma comunidade exclusiva que se diferencia de maneira singular do restante da humanidade. Então,para nós soam novamente as palavras já antes citadas: "Deixai que vossa luz brilhe diante dos homens, para que vejam vossas boas obras e glorifiquem a vosso Pai que está no céu".

Suponde que agora, com toda a energia presente em vós, vos decidais a abrir-vos para a descida do Espírito Santo. Então, recebeis esse Espírito no próprio ser, na própria rosacruz. Nesse mesmo instante, estareis permitindo que a luz da comunidade da Rosacruz Áurea resplandeça sobre as trevas deste mundo. E,conduzidas pelos futuros acontecimentos mundiais, inúmeras pessoas acorrerão a toda velocidade ao encontro da Escola Espiritual para, se possível, poder participar deste corpo-vivo da libertação. Porque, se caminhardes conosco, esta comunidade seguirá diretamente um caminho muito exclusivo que conduz diretamente para o alto. A força de todos é, então, para todos. Na verdade, os mais fortes suportam os mais fracos, considerando-se que a magia do amor de Deus cuida disso.

Mas, para tudo isso, não vos esqueçais, existe *uma* condição fundamental, absoluta: que tomeis a decisão de ligar-vos a esta comunidade do Espírito Santo e que torneis real vossa decisão,-mediante uma atitude de vida positiva. Somente então é formada a Escola Espiritual em verdade e realidade. Somente então ela começará a atingir seu objetivo. E somente então ela estará também em condição de conduzir ao lar todos os que pertencem ao corpo-vivo.

Falando de modo geral, não podemos queixar-nos da pureza e do asseio de nossa Escola Espiritual na atual situação. Pode-se dizer que constituímos um exemplo bastante satisfatório. Mas,agora que a grande crise se aproxima e em breve na comunidade dos lhos de Deus se tratará de ser ou não ser, tivemos de decidir-nos a solicitar de todos vós, que dizeis pertencer a esta comunidade moderna de Cristiano Rosacruz, ao mesmo tempo uma promessa clara e uma decisão positiva.

Se aceitardes essa solicitação, então cará estabelecida a primeira comunidade cristã moderna desta era, uma comunidade cristã que de fato compreende a amplitude do cristianismo e o professa em verdade.

Se quiserdes caminhar conosco nas sendas do futuro, então, por favor, querei levantar-vos.

Decidimos colocar-nos sob as asas do Espírito Santo. Decidimos e prometemos, reciprocamente, dedicar toda nossa vida futura à Comunidade da Sagrada Rosacruz e demonstrá-lo com toda a nossa atitude de vida. Amém.

Assim está bem, Irmãos e Irmãs, assim está muito bem.

Oração final (Apocalipse 22:17–21)

"E o Espírito e a esposa dizem: Vem!
E quem ouve, diga: Vem!
E quem tem sede, venha.
E quem quiser, tome de graça da água da vida.
Porque eu testico a todo aquele que ouvir
as palavras da profecia deste livro:
Se alguém lhes acrescentar alguma coisa, Deus lhe acrescentará
as pragas que estão escritas neste livro.
E se alguém tirar quaisquer palavras do livro desta profecia,
Deus tirará sua parte da árvore da vida,
e da cidade santa, e das coisas que estão escritas neste livro.
Aquele que testica estas coisas diz:
Sim, depressa venho. Amém. Sim, vem, Senhor Jesus!
A graça de nosso Senhor Jesus Cristo seja com todos vós." Amém.

Bênção final

Irmãos e Irmãs,

Como humanidade, encontramo-nos novamente na fase da atual efusão do Espírito Santo.

Esperamos e oramos que, como seres tocados por esse Espírito, possais conduzir a tarefa de vosso discipulado a bom termo. Amém.

5

PERGUNTAS E RESPOSTAS

A Conferência de Renovação de *Aquarius* terminou com uma reunião na tenda-templo, na qual foram respondidas algumas perguntas feitas pelos alunos. Essas perguntas e as respostas dadas pelo sr. Jan van Rijckenborgh estão aqui publicadas em benefício do leitor interessado.

1. O símbolo de Aquarius

Pergunta: O que signica o símbolo de *Aquarius?*

Resposta: Nós e nossos semelhantes encontramo-nos no início de uma nova era para a humanidade. Este período é inaugurado, governado e, em seu devido tempo, encerrado por meio de um campo de radiação intercósmico que nos envolve inteiramente. Referimo-nos ao início de uma nova era servindo-nos da forma clássica, indicando-a como um nascer do sol, a aurora nascente,o sinal de um novo dia. Tão logo essa aurora se torne visível, o mundo será afetado pelo clarão radiante dessa nova era, constituída por sete vezes sete raios do Espírito Santo. Em relação a isso,indicamos os traços dourados que podeis ver no fundo azul de nosso símbolo, os quais representam a descida e a atividade do Espírito Santo.

Conforme já explicamos durante esta conferência, o Espírito Santo segue um caminho com a humanidade. O Espírito Sétuplo tem-se ocupado, desde o alvorecer da manifestação da humanidade, em guiá-la ao longo desse caminho. Pois bem, a natureza desse caminho é representada, no período de manifestação que agora teve início, pelo signo de *Aquarius*.

Aquarius é indicado em nosso emblema pelas duas linhas onduladas que simbolizam a água viva que está sendo vertida sobre a humanidade, a água viva que, segundo a linguagem sagrada,nos é ofertada de graça. Desse modo, nosso emblema acentua o período que se aproxima, que está muito próximo, a era de *Aquarius*. Como sabeis, *Aquarius* é um signo do Zodíaco, um dos doze signos; ele é o signo que está ligado à humanidade e à terra por intermédio do arauto de *Aquarius*, o planeta Urano. No símbolo,no interior do signo de Urano, podeis ver uma espada que penetra a terra, o mundo. *Aquarius* e seu planeta regente, Urano,atuam em total colaboração, conforme ressalta o símbolo.

Urano é denominado planeta dos mistérios. Quando os Mistérios, sobre os quais falamos durante os dias da conferência,apoderam-se da humanidade e nela se tornam atuantes, o planeta Urano, entre outros, desempenha um grande papel. Urano abre à força o ser humano e o leva para caminhos inteiramente fora e acima desta terra. Eis por que algumas pessoas, influenciadas por Urano de modo negativo, podem às vezes dar demonstrações de excentricidade, bem como de talentos excepcionais, que não sabem como empregar e que expressam de algum modo extravagante. Essa inclinação é uma influência tipicamente negativa de Urano. Os que reagem de maneira positiva comportam-se de modo inteiramente diverso. Não podemos, porém, estender-nos mais neste assunto, pois, como sucede com quase todas as coisas concernentes a nossa filosofia, poderíamos falar sobre elas por horas a fio.

2. *A Fraternidade da Vida*

Pergunta: Na Conferência de Ano Novo, em Calw, nosso grão-mestre disse que no decorrer da Festa de *Aquarius* entidades de nossas Fraternidades precedentes estariam presentes entre nós e que seriam vistas não apenas espiritualmente, mas também fisicamente. Gostaríamos de saber o que se quer dizer com isso.

Resposta: Por certo que nos lembramos de haver falado sobre isso em nossa reunião em Calw. Em relação a nossa Festa de *Aquarius* temos a dizer-vos que seu sucesso excedeu em muito nossa expectativa e foi completo, tendo ultrapassado em alto grau os festivais de Wesak dos tempos antigos. Queremos dizer com isso que a Fraternidade precedente esteve de fato entre nós. Estamos também convencidos de que muitos de vós tivestes essa impressão. Podemos armar que a Fraternidade esteve existencialmente entrenós. Os irmãos e irmãs do novo reino estiveram conosco de um modo muito especial. É possível que vos tenhais sentado ao lado de um desses irmãos ou irmãs durante um serviço. Certamente não pensastes que eles passariam diante de vós em um cortejo,aqui no lugar de serviço! Isso não faz parte de sua natureza. A Fraternidade do novo país entra em contato conosco somente quando é absolutamente necessário fazê-lo. E se ao menos fordes alunos sérios, é certo que já tereis muitas vezes estado em contato com tais irmãos e irmãs sem que o tenhais percebido. Com relação a isso podemos referir-nos à Bíblia.

Também é possível que com referência a alguns de vós se possa dizer: "Seus olhos estavam cegos para que não o reconhecessem". Por que? Então eles não o experimentaram internamente? Bem,amigos, estas coisas são sempre para o vosso bem! É com ênfase que vos dizemos: tudo que nos foi permitido dizer-vos aqui deste púlpito nós o recebemos e o transmitimos a vós. Não há reunião alguma sob a égide da Fraternidade da Rosacruz da qual se possa dizer: "Hoje eles nos esqueceram; hoje eles não estiveram presentes". A Fraternidade da Vida observa-nos dia e noite. Por isso,amigos, se ainda não experimentastes a vida interior assim como gostaríeis de o fazer, assim como o desejaríeis, então, dizemo-vos: esperai tranquilos vossa vez e cumpri os votos que juntos fizemos. No momento certo essas coisas se revelarão para vós.

Precisamos abandonar a visão alimentada por diversos místicos de que todos os irmãos e irmãs libertos poderão ser vistos por nós, em dado momento, trajando vestes brancas. Isso está totalmente fora de questão! Com certeza conheceis também a representação exotérica de que todos que estão na vida liberta vivem agitando folhas de palmeiras e cantando hinos, desde cedo da manhã até à noite. Possivelmente esse espetáculo nos pareceria interessante por uns cinco minutos, se um dia tivéssemos de assisti-lo, porém em breve um aborrecimento mortal se apossaria de todos nós. Precisais – e é disto que se trata – ver tudo isso de um ponto de vista totalmente diferente. O contato com a Fraternidade Universal é um acontecimento diário, porém na maioria das vezes nossos olhos estão "fechados", de modo que não vemos seus membros, pelo menos não da maneira como julgamos que devem ser vistos.

Esperamos poder dizer-vos muito mais a esse respeito em um futuro próximo e com base em fatos. Finalmente, gostaríamos de repetir que, com relação a esta conferência, de modo algum estamos desapontados; pelo contrário, nossas expectativas foram superadas.

3. *Nossas crianças*

Pergunta: Poderíeis dar-nos mais informações sobre a possível reação de nossas crianças às grandes mudanças que estão por vir?

Resposta: Gostaríamos de dizer-vos: nos tempos vindouros precisareis vigiar vossos lhos muito conscienciosamente, muito cuidadosamente. Porque com a agitação da época atual, em que o grande adversário, do qual frequentemente temos tido oportunidade de falar, aplica o máximo de seu poder, tudo poderá acontecer a vossos lhos. Será como se um furacão estivesse se aproximando e tivésseis de agarrar rapidamente tudo o que para vós tem valor e tentásseis, na fuga, encontrar um lugar seguro. Lembrai-vos tão-somente das desastrosas inundações de há alguns anos, em Zelândia e Brabante Ocidental.[2] Nessa ocasião,cada família encontrou-se diante do problema de escolher, sem a menor hesitação, o rumo para o qual deveria fugir, a fim de escapar da morte. É essa a imagem que vos apresentamos em relação a vossos lhos. Não é necessário que os governeis severamente,pois nenhuma criança moderna aceita isso. A criança de hoje não pode ser obrigada militarmente a executar essa ou aquela tarefa. Isso está fora de questão. De certo modo a criança de hoje é demasiado livre para isso, demasiado emancipada.

Deveis cercar vossos lhos com solicitude diária e grande amor; deveis conversar com eles sobre as coisas e procurar protegê-los de

[2] *Províncias dos Países Baixos (n.e.).*

todos os ataques possíveis. E acima de tudo, amigos, atentai para vossos lhos no que diz respeito à televisão. Se existe algo que deveis proibir a vossos lhos, e proibir categoricamente, é a televisão. Ora, o que acontece? Quando certos programas infantis estão sendo apresentados, os amiguinhos e as amiguinhas chamam uns aos outros: "Você não vem? Vai começar!" Deveis ensinar vossos filhos a se manter livres da televisão, a se afastar decididamente,pois não existe hoje nada mais prejudicial para as crianças do que ela. Já publicamos várias advertências nesse sentido, avisando-vos de várias maneiras. Sede, pois, muitos cuidadosos nesse sentido!

Não é preciso dizer,amigos, que enquanto a criança está dentro do campo de radiação dos pais, enquanto ela ainda está convosco e permanece literalmente sob as asas do pai e da mãe, vossa atitude de vida é da maior importância. O ponto crucial não é como vos comportais fora de casa, na sociedade etc. , porém, acima de tudo, como vos comportais em casa. Há serenidade em vosso lar? Se vossos lhos crescerem em um lar em que a atmosfera é no mínimo de uma serenidade satisfatória, então estareis ajudando-os além de toda a medida.

4. Crianças portadoras de deciência

Pergunta: Compreendo as causas das doenças e mutilações da humanidade, contudo, poderíeis fazer o favor de explicar por que elas se apresentam em crianças e, sobretudo, em bebês?

Resposta: Em relação a essa pergunta, sabeis da grande responsabilidade que pesa sobre os ombros de nossos químicos, que vêm fazendo experiências com inúmeros produtos, que têm prova do ser extremamente prejudiciais às gerações futuras. Se, por ventura,tiverdes uma dessas crianças desafortunadas, isso será para vós motivo de grande preocupação. E nós compartilhamos convosco essa dor e esse sofrimento. Porém, irmãos e irmãs, nada acontece por acaso. Sabeis que a vida de um ser humano é governada por leis. Se tendes um lho portador de deficiência, não indagueis pela causa, pois esta certamente não pode ser investigada, e além do mais, se viésseis a conhecê-la, vós a acharíeis perfeitamente lógica. Nesse sentido, jamais podeis lançar a culpa sobre outrem,mas deveis sempre buscá-la em vossa própria realidade de ser.

Se compreenderdes isso podereis então, com base nessa realidade e com humildade, resolver professar e *viver* vosso discipulado, de todo o coração, para que vosso lho portador de deficiência seja banhado e envolto na gloriosa luz que vem a vós da Fraternidade. Que sorte melhor poderíeis desejar a vosso lho? Então tudo estará bem, e aceitareis plenamente o sofrimento e a tristeza que vos são enviados. E caso haja alguma possibilidade de auxiliar vossos lhos, conheceis o trabalho do Rozenhof. O serviço de auxílio do Rozenhof fará, então, tudo o que for possível para auxiliar vossos lhos.

De suma importância, porém, é vosso próprio estado de ser, o que irradiais para vossos lhos, pois se uma gota de água límpida,totalmente pura, cai em um lodaçal, então já não vedes a gota,e sua pureza se perde. Por isso, repetimos: tentai, de baixo para cima, de vosso imo, dar acesso à luz, para que ela penetre em vosso lar, em vossa família. Então recebereis todo o auxílio possível.

5. O grande adversário

Pergunta: Estou na Escola há seis anos. Recebi-a com íntima alegria e a reconheci como o único meio de salvação. Mesmo assim,há momentos em que sinto uma total resistência, às vezes acompanhada de sentimentos de medo, provavelmente o medo primitivo do eu-animal. Isso acontece, por exemplo, quando ouço mantras poderosos, ou quando entro em contato com membros da Cabeça Áurea. Sofro com essa situação, pois não a desejo, mas ela aflora do interior de meu sistema. Não seria melhor eu retornar ao discipulado preparatório?

Resposta: Não, amigo, isso não seria melhor. Porque, o que provavelmente está acontecendo convosco? Quando a luz nos toca, nós despertamos o grande adversário. Não deveis ver esse adversário como um demônio externo, mas como uma resistência interna,uma resistência que está dentro de vós. O fato de o adversário estar manobrando contra vós e causando o aparecimento de tensões prova que a Luz está intervindo em vossa vida.

Em conexão com isso, pensai no evangelho gnóstico *Pistis Sophia,* na intensa luta que ela tem de travar, descrita com riqueza de detalhes nesse evangelho. Se pensardes, por exemplo,em seus cânticos de arrependimento, notareis que em diversos momentos a Pistis Sophia se vê mergulhada em dúvida profunda e encontra-se em situação semelhante à vossa, embora ela o expresse com palavras diferentes: "Não seria melhor eu desistir?"Isso porque já no princípio ela penetra por trás dos véus do Décimo Terceiro Éon, sendo em seguida forçada a voltar a seu lugar natural. Quando se ingressa na senda não se pode omitir nada! Deve-se combater tudo, tudo superar, e o adversário em vós se insurgirá até o último instante.

Como se desenvolve o adversário em vosso sistema? Bem, isso é fácil de compreender. Sabeis que esta vida não é a primeira e a única que atravessais. Muitas vidas, muitos estados de existência na natureza da morte encontram-se atrás de vós. E nesta natureza da morte transgredistes várias vezes, no passado, as leis divinas, cometendo erros graves. Isso é lógico, pois do contrário não estaríeis aqui agora. E isso se aplica a todos.

Consequentemente, desenvolveu-se no homem um princípio de resistência, de pecado, uma situação astral foi vivificada. Essa situação astral – e isso não é agradável de ouvir – não morre,porém é reanimada no ser humano a cada novo nascimento, coma animação de cada nova personalidade. É com *isso* que somos confrontados, e é com *isso* que devemos ajustar as contas, conforme podemos ler na Bíblia com relação a Jesus, o Senhor. Antes de seguir sua Via Dolorosa, ele teve de ajustar as contas com o Satanás dentro dele.

Tal como Jesus, o Senhor, nos deu o exemplo, assim também deverá suceder conosco: devemos ajustar as contas com o adversário em nós. Portanto, vós que nos fizestes a pergunta, não vos inquieteis. Tende absoluta confiança em vosso discipulado, pois durante estes dias recebestes tudo o que precisais a fim de tratar com esse adversário fatal de tal modo que ele jamais volte.

O adversário em nós é um ser ilusório; embora seja uma ilusão que definitivamente vive, assim como toda a esfera refletora, ele é, contudo, absoluta ilusão.

Quereis, ainda, outro exemplo? Pensai no livro de Gustav Meyrink, *O anjo da janela ocidental*. Pensai no personagem central da história que, não obstante ter chegado ao jardim da iniciação,vê-se confrontado com seu adversário. Este, que se manifesta de várias maneiras, aparece na história sob a forma de uma esplêndida criatura feminina que o seduz e o leva à beira de uma situação que poderia ter-lhe sido fatal. Mas, em dado momento e a tempo,ele se recompõe e vê de repente que a magnífica e tentadora forma de mulher que o seduzia já não está ali, desapareceu para sempre. Eleva-se um vapor cheio de morte e decomposição. E assim tudo termina. Se o personagem em questão tivesse dado um passo amais, teria caído no abismo, assim nos relata a história.

Em muitos sentidos, essa é a imagem perfeita da realidade. Portanto, amigo, seria uma tolice dizer "Recomeçarei do discipulado preparatório", pois em muitos casos, embora não em todos, esse é o princípio do m. Esse pensamento é sugerido por vosso adversário! É o adversário em vós que sugere: "Ah, homem,não te metas nessa aventura. Tu simplesmente não o conseguirás. Não tens forças para isso!" Ele vos seduz com todo tipo de pensamentos relacionados com os assim chamados prazeres da natureza comum, como por exemplo, o prazer de fumar o vosso cigarro etc. Portanto, não volteis ao discipulado preparatório,mas perseverai!

6. *As doze forças zodiacais*

Pergunta: É com profunda gratidão que temos ouvido a mensagem divina e muito nos alegramos por poder trilhar agora a senda. Poderíamos perguntar-vos: em que signo começam as doze forças zodiacais? É em *Aquarius*? E por que se fala de Rosacruz *moderna?*

Resposta: Usamos a palavra "moderna" para indicar que a Fraternidade da Rosacruz, a Fraternidade da Vida, não atua agora da mesma forma em que o fazia, por exemplo, há algumas centenas de anos.

Dissemo-vos anteriormente que o desenvolvimento zodiacal e o resultante toque do Espírito Sétuplo seguem um caminho de desenvolvimento com a humanidade. Isso faz que em cada novo período a situação seja bem diferente e que, em dado momento,o que vos propomos seja totalmente diferente daquilo que uma Fraternidade clássica teria feito há centenas de anos.

No Ocidente, geralmente se arma que o zodíaco começa como signo de Áries e termina com o signo de Peixes. Essa noção,porém, é arbitrária, pois na realidade não há princípio nem fim. Os processos zodiacais de que falamos circundam o campo de desenvolvimento como um "círculo da eternidade", e um círculo não tem começo nem fim.

Poderíamos, aliás, devemos dizer: Começamos agora no signo de *Aquarius*. Isso agora para nós é uma necessidade. Como foi dito: o zodíaco nos envolve por todos os lados como uma corrente de doze irmãos, e esses irmãos possuem toda a sabedoria e todas as potencialidades que originalmente estavam à disposição da humanidade, desde a aurora de sua manifestação. Porém, a ênfase encontra-se sempre em um aspecto diferente. Quantas vezes a humanidade já não terá passado por uma era de *Aquarius?* Porém a era de *Aquarius* que agora se aproxima será inteiramente diferente das do passado. Isso deve car bem claro para vós, já que não vivemos em um universo estático; a manifestação do universo divino é muito dinâmica, sempre avançando, sempre impelindo e elevando o mundo e a humanidade e as demais ondas de vida a uma glória e majestade sempre maiores. E criatura alguma pode conceber para onde tudo isso nos levará.

7. O toque do Espírito Santo

Como conclusão, gostaríamos de ler parte de uma carta que recebemos: "Já há algum tempo venho experimentando um toque do Espírito Santo Sétuplo durante os serviços em Haarlem bem como no Templo de Renova. Meu sangue reage a esse toque e uma sensação de calor invade-me inteiramente. Alguém que entende dessas coisas disse-me que achava ser esse um sinal muito bom. Gostaria, pois, de perguntar-vos o que poderia ser a causa disso, já que a consciência superior ainda não se manifestou em mim..." E segue-se uma série de suposições.

Resposta: Amiga, amigo, que faz esta pergunta, permiti-nos dizer que estais completamente enganados? O toque que experimentais não provém do Espírito Santo. Quando um irmão ou irmã recebe o toque do Espírito Santo, ele ou ela reagirá a isso de modo completamente diferente, porque, então, tratar-se-á de ser ou não ser, de tudo ou nada. O que aparentemente experimentastes é o resultado de certas tensões que se voltam contra vós. É provável que haja alguma coisa errada com vossa glândula tireoide. Pessoas com problemas de tireoide estão sempre sujeitas a uma grande tensão e superaquecimento do sangue.

É possível que nestes dias tenhais experimentado incidentalmente o poderoso toque do Espírito Sétuplo. Individualmente,porém, esse toque só se manifesta quando a pessoa em questão chegou a certa abertura do santuário da cabeça, especialmente no espaço cerebral onde está situada a glândula pineal. Ora, essa glândula está inteiramente ligada à vontade. Trata-se, portanto,- de submeter vossa vontade a Deus e de implorar, de vosso imo:"- Senhor, seja feita a tua vontade". Quando isso acontece e vossa veste-de-luz o permite, a mônada desce nessa veste-de-luz.

Soubemos que alguns irmãos e irmãs pediram a um de nossos oradores uma oração mantrâmica. Caros amigos, sede prudentes em relação a isso! Jamais deveis utilizar um mantra, a menos que vossa veste-de-luz satisfaça a uma exigência mínima e, por conseguinte, estejais trilhando a senda da renovação em atitude de vida positiva e claramente demonstrável. Então chegará o momento em que podereis realmente orar: "Senhor, seja feita a tua vontade". Porém, é impossível que o Espírito Santo queira tocar-vos se ainda não demonstrais uma mudança positiva em vossa atitude de vida. Neste caso, o toque do Espírito Santo seria para vós um flagelo.

Isso será diferente quando, logo mais, o campo de radiação intercósmico tocar toda a humanidade, quando nenhuma protelação será tolerada e o desenvolvimento das coisas será irrevogável. Então cada um terá de pagar o preço de sua atitude de vida!

Palavras de encerramento

Irmãos e Irmãs, faltam-nos palavras para expressar nossa gratidão por termos estado convosco, unidos durante estes dias em nossa Conferência de Renovação de *Aquarius*.

Quando, em breve, voltardes para vossos lares, podereis estar certos de que as bênçãos da Fraternidade estarão convosco. Que a Fraternidade esteja junto de vós em todos os vossos caminhos,bem como nos momentos difíceis de vossa vida. Amém.

BIOGRAFIA DOS AUTORES

J. van Rijckenborgh (1896–1968)

Foi em Haarlem, Holanda, em 1896, numa família de orientação cristã, que nasceu Jan Leene, que adotou mais tarde o nome de J.van Rijckenborgh. Em1924, com seu irmão Zwier Willem Leene,assentou as primeiras bases para uma verdadeira comunidadeespiritual de libertação para a nova era: a *Casa Sancti Spiritus.*

Durante a Segunda Guerra Mundial, de 1940 a 1945, quando a Escola da Rosacruz foi fechada pelas forças de ocupação e seu trabalho foi proibido, ele se aprofundou no *Corpus hermeticum,* nos escritos dos maniqueus e dos gnósticos, e na história dos cátaros. Os diversos ensinamentos desses escritos por ele encontrados levaram-no de volta à linguagem velada e simbólica dos manifestos rosacruzes.

Em 1956, no sul da França, ele encontrou, juntamente com Catharose de Petri, o senhor A. Gadal, o guardião do legado espiritual dos cátaros. Dessa época em diante, a revelação do tesouro espiritual dos cátaros uniu-se à Escola da Rosacruz Áurea.

"O renascimento do homem animal em homem espiritual",- que, em sua juventude, ouviu de H. de Hartog, não é, portanto,para J. van Rijckenborgh, nenhuma filosofia, porém uma necessária e pura ação. Esse renascimento até o estado de homem espiritual é trazido por meio de um processo, onde nenhum passo pode ser negligenciado. Assim J. van Rijckenborgh mostrou com sua experiência que essa é uma senda que deve ser trilhada pela própria pessoa. Em sua Escola ele, até seu falecimento em 1968, explicou e esclareceu esse caminho a seus alunos, de todas as maneiras possíveis, lançando mão de antiquíssimos textos gnósticos.

Catharose de Petri (1902–1990)

H. Huyser, mais tarde conhecida como Catharose de Petri, nasceu em 1902 em Roterdã. Pouco se conhece dos primeiros anos de sua vida, pois ela era extremamente discreta e pouco relatava ou compartilhava sobre si mesma, porém, o que se sabe com segurança é que desde muito jovem estava consciente de ter uma missão espiritual em sua vida. Portanto, não é de surpreender que, em 1930, aos 28 anos, ela tenha se dedicado integralmente à sua missão, com o sr. J. van Rijckenborgh, de quem foi a mais importante colaboradora espiritual. Para ela, era evidente que nenhuma igreja cristã podia trazer uma verdadeira renovação religiosa para o autêntico pesquisador espiritual.

Ao lado do sr. J. van Rijckenborgh, ela dedicou toda a sua vida à construção da sétupla Escola Espiritual da Rosacruz Áurea "começando do nada", como dizia. Como parte desse trabalho eles escreveram livros, em conjunto e individualmente. Entre outras obras, explicaram para os homens da atualidade antigos textos gnósticos. Dessa forma, *A Gnosis Chinesa*, escrita por ambos, é um brilhante comentário do antigo texto hermético chinês: o *Tao Te King*, adaptado para nosso tempo.

Catharose de Petri era também extremamente ligada à fraternidade dos cátaros e escreveu alocuções nas quais esclarece o trabalho espiritual dos cátaros e seu legado material e imaterial.

Livros de autoria de J. van Rijckenborgh

- Análise esotérica do testamento espiritual da Ordem da Rosa-Cruz
Vol. I: O chamado da Fraternidade da Rosa-Cruz
Vol. II: Confessio da Fraternidade da Rosacruz
Vol. III: As núpcias alquímicas de Christian Rosenkreuz · Tomo 1
Vol. IV: As núpcias alquímicas de Christian Rosenkreuz · Tomo 2
- Christianopolis
- Filosofia elementar da Rosacruz moderna
- A Gnose em sua atual manifestação
- A Gnosis original egípcia · Tomos I, II, III e IV
- A luz do mundo
- O mistério da vida e da morte
- O mistério das bem-aventuranças
- O mistério iniciático cristão: Dei Gloria Intacta
- Os mistérios gnósticos da Pistis Sophia
- O novo homem
- Não há espaço vazio
- Um novo chamado
- O Nuctemeron de Apolônio de Tiana
- O remédio universal

Livros de autoria de Catharose de Petri

- O Verbo Vivente

- Série das Rosas
Transfiguração · Tomo I
O selo da renovação · Tomo II
Sete vozes falam · Tomo III
A Rosacruz Áurea · Tomo IV

Livros de autoria de J. van Rijckenborgh e Catharose de Petri

- O apocalipse da nova era

A veste-de- luz do novo homem · Série Apocalipse, vol. I
A Fraternidade Mundial da Rosa-Cruz · Série Apocalipse, vol. II
Os sinais poderosos do conselho de Deus · Série Apocalipse, vol. III
A senda libertadora da Rosa-Cruz · Série Apocalipse, vol. IV
O novo caduceu de Mercúrio · Série Apocalipse, vol. V

- O caminho universal
- A Fraternidade de Shamballa
- A Gnosis chinesa
- A Gnosis universal
- A grande revolução
- O novo sinal
- Réveille!

Série Cristal

- 1. Do castigo da alma
- 2. Os animais dos mistérios
- 3. O conhecimento que ilumina
- 4. O livro secreto de João
- 5. Gnosis, religião interior
- 6. Rosa-cruzes, ontem e hoje
- 7. Jacob Boehme, pensamentos
- 8. Paracelso, sua filosofia e sua medicina atemporais
- 9. O Graal e a Rosacruz
- 10. A Rosa e a Cabala

Antonin Gadal

- No caminho do Santo Graal

Francisco Casanueva Freijo

- Iniciação. Iluminação. Libertação.
- Transfiguração e transformação: O processo de surgimento
- Karl von Eckartshausen
- Algumas palavras do mais profundo do ser
- Das forças mágicas da natureza

Mikhail Naimy

- O livro de Mirdad

Outros títulos

- O caminho da Rosa-Cruz no dias atuais
- O evangelho dos doze santos
- Trabalho a serviço da humanidade